钱乃荣细说上海话

05

上海话的岁月寻踪

钱乃荣 著

上海书店出版社
SHANGHAI BOOKSTORE PUBLISHING HOUSE

《钱乃荣细说上海话》序

钱乃荣教授是个特别勤奋的学者,语言学和方言研究是他的专业。多年来,他广为调查,勤于蒐讨,悬苦著述,热心参与相关社会活动,在上海方言的研究、保存和推广上,真可谓硕果累累,功劳卓著。令人感动和敬佩的,不仅是他对学术的专注和学问的精深,更在于他对乡邦文化无限热爱和竭诚奉献的精神。前不久,因为他身体欠佳,我去他家看望。在一个多小时里,他谈病的时间很少,谈得最多最起劲的是他的工作,包括已完成的、正在进行的和计划要做的,洋洋洒洒,亹亹不倦。临行,他把他刚整理好出版的外国传教士当年所编"上海话读本"五种赠我——那是他从千辛万苦搜集来的四十多种同类著作中精选并全面校勘整理出来的。这些久已沉湮、几乎被遗忘的书,展现了上海开埠之初到上世纪 30 年代外国传教士学习、记录和传播上海话的实况,既保存了上海方言的历史,为研究上海话的演变提供了宝贵资料,也反映了中西文化交流的一个重要侧面,实在是很难得很珍贵的啊!就在我们握别时,他告诉我,他的一部有关上海话的文集即将杀青，出版前希望我能为之作篇序。我不禁有点惶恐。我从小生长在上海，上海话是会说的，可对方言研究一窍不通呀！但我看着乃荣兄期待的眼神、诚恳的表情，我怎么也说不出个"不"字。

距今半个月前，我在电脑上收到了乃荣兄邮来的《钱乃荣细说上海话》书稿。我打开读起来，立刻就被它吸引住了。

这书稿由五部分组成，在"细说上海话"的总题下，列出五个既可独立、又有关联的标题：《上海话前世今生》、《上海话文化积淀》、《上海话海派风情》、《上海话五花八门》、《上海话岁月寻踪》。每个标题下包含三五十篇数千字长短不等的文章，总共二百篇。这些文章根据内容不同，有的知识性颇强，其中最强的已经带点儿学术意味了，多数比较浅显通俗，具有很强的可读性和趣味性，让我感到作者完全是以平等、自然、亲切的态度在与读者交谈，而绝无大学者居高临下传授或灌输知识的意味。

既然是"细说上海话"，这部书当然是以上海话，特别是它的词语为中心的，适当兼顾语音语法，而全书则由语词所承载的内容向四面辐射开去。首先是历史，从语言自身的历史到词语所体现或隐含的社会变迁史，到百年来的上海人生活史；大宗的是民俗风情，作者的眼光和笔墨触及上海人的衣食住行、婚丧嫁娶乃至平日或节庆、家里和家外的种种情事；再就是海派艺术，从沪语小说、沪剧、滑稽戏、说唱评弹、九腔十八调到各式各样的老唱片，乃至一年四季回响在上海街头巷尾的叫卖声。要说这书是海派文化的一部小百科，应该不算太夸张。而这一切风趣动听的叙述，其实都围绕着一个核心，那就是对上海文化性格的细腻描写和深刻揭示。因为商业社会发达和中西文化的互渗互动，上海人确有某些特殊的性格习气、作风原则和种种不成文的行为规矩章程，诸如“先小人后君子”的契约精神、海纳百川不惧异端的开阔胸怀和勇于创新追求完美的行事风格等等。作者怀着由衷的自豪自尊写出这些，同时又那样清醒、客观、辩证，简直称得上是代表上海人做了一次坦诚的心灵解剖，一次海派文化底蕴的反躬自省。

我想，一位上了年纪的老上海读了此书，大抵不免会有所触动，或者会心一笑，或者加以补充，当然也可能提出商榷讨论，绝不会无动于衷；如果是一位年轻的上海人或一位新上海人来读，则可能会感到惊讶、新奇和有趣——总之无论老少，都会有收获，从而加深对海派文化的认知和体验，或在今后的为人行事中有所取舍和借鉴。如果是一位来沪的旅游者读了，自然可在上海的自然景观之外，了解到更多的人文风情。至于对文化人类学者、民俗学者或历史学者、社会学者而言，本书的资讯价值更是不言而喻的。如此说来，我说钱乃荣教授的这部新书是老少咸宜、开卷有得，该是毫不过分吧。

以上是我初读《钱乃荣细说上海话》的感想，不知能否充当这本书的小序？

董乃斌丙申元月于海南

前　言

这是我完全用上海话写的一本散文集，其中有一些文章曾用普通话写过，这次用上海话来写，上海人读起来一定会觉得更亲切一些。胡适曾经说过：方言土语中描写的人，是自然流露的人，不是做作不自然的人。作家金宇澄先生的长篇小说《繁花》，试用上海话来写作，在我国北方话地区也频频获奖，足见方言的魅力。

我这本书的前小半部分，由于用与书面语较接近的方式来写，对不够熟悉上海话的人，相对来说比较容易看懂；后大半部分用上海话口语来写，读起来应该说会相对生动一点。这两部分阅读可谓由浅入深，对过去只说上海话、见不到上海话文字的上海人也会有好处。

从晚明开始，吴语文学至今已有400多年的历史。吴语苏州话、上海话的文学，历来就有多样化的几种写法。第一种如《海上花列传》、《九尾龟》，故事叙述语言是官话，其中人物的对白，用完全的苏州话；第二种是地方通俗官话叙述中自然地夹入大量方言词汇俗语，浑然一体，如《何典》和1949年前上海小报上的许多散文，可称为方言书面语形式;第三种如《海上繁华梦》、《亭子间嫂嫂》,是白话文中自然加入少量方言生动词语,茅盾20世纪30年代在上海写的一篇不满两千字的《上海大年夜》内就有24个上海话词语;第四种如明末的《山歌》,晚清曲艺话本《三笑》,完全用苏州话来写,西方传教士在上海出版的大量课文、故事、散文,在20世纪40年代出现过一些小说散文诗歌,《大戏考》中的上海方言戏曲唱词,是完全用上海方言写的,至于沪剧、独脚戏、滑稽戏、方言话剧的演出,也都使用上海话。

步入21世纪后,随着语言文化多样化的世界潮流深入人心,也为了挽救方言的颓势,完全用上海话书写的《新民晚报》"上海闲话"专版诞生,其中的精华散文汇集为《浓浓沪语海上情》一书出版,这是第一部上海话散文集;完全上海话版的长篇小说《弄堂》(胡宝谈著)也出版了,这是第一部完全用上海话创作的小说;还有充满上海话说话风格、与都市生活贴切的上海人用句和用词习惯的《繁花》(金宇澄著),这些作品都是上段里小结的几种不同语言风格方言文学的创新品种。《上海话童谣》,上海方言话剧《永远的尹雪艳》(徐俊导演),上海话流行歌曲和RAP,我们正在创作的"上海老歌"沪语版……方言文学戏剧歌曲方兴未艾。

我这本书写作的文字风格,对那些与普通话差异较大、出现频率较高的上海话常用词和虚词完全使用上海话文字,如"这里"用"搿搭","在"用"辣辣","都"用"侪",我认为正是这些词在文中经常出现,才使人一见就可看出这是一篇上海话文章。为此,我在这篇前言里将这些常用词集中注释一下,便于读者查阅。其实有些人读不通上海话文章，很大部分的原因是因为对这些词的用字及其语义不了解或不清楚。实际上这些在上海话中经常出现的最基础的词所表示的语义掌握起来非常容易。了解了这些词的含义扫除了这些文字障碍后，看上海话文章就变得相当方便了。

下面是这些最基础词语的注解：（只看注释，注音不读也可以。关于上海话语音及其字母注音的分析，请见本丛书第一册《上海话的前世今生》）

1. 人称词

我 ngu：我。

阿拉 aklak：我们。

侬 nong：你。

㑚 na：你们。

伊 yhi：他、她、它。

伊拉 yhila：他们、她们。

2. 指别词

1）指别人、物：

搿个 ghekghek/ghekhhek：这个：～是一本大戏考。（老派为"迭个 dhikghek"。）

埃个 'eghek/'ehhek/伊个 'yighek/'yihhek：那个，另一个：我勿认得～人。

搿眼 ghekngе：这点：～橘子侬吃脱伊。

埃眼 'enge/埃面一眼 'emiyiknge：那点：～小菜侬留辣海。|～书

勿是我个。

2）指别地点：

掰搭 ghekdak：（1）这儿：侬从～过去到埃面，穿过横马路就是。（老派说“迭搭 dhikdak”：迭眼物事就拜辣～。）（2）又用作“定指”，指手指点处或说话双方预知的地方：侬到～转弯角子浪向去乘地铁。

埃面 'emi/伊面 'yimi：那儿：我今朝要到外白渡桥～去。

掰面 ghekmi：定指的远处：～有只电话亭，～有爿银行，侬看见哦？

3）指别时间：

掰抢 ghekqian：这段时间，或定指那阵子：～天气老冷个。|今年五一节～侬辣辣啥地方？

掰个辰光 ghekghek shenguang：这时候，或定指那时候：到～伊还勿来！|侬五岁～还小了。

掰歇 ghekxik：这会儿，或定指那时：侬～空有哦？|伊昨日～还呒没到上海。

4）指别方式程度

掰能（介）gheknen/gheknenga：这么：字写得～推扳！|～个沙发我勿要买。

掰能样子 gheknenyhanzy：这样子，这么：侬照～做。|生活做得～蹩脚，好意思哦？

介 'ga：这么，只用在形容词前表示方式：花开得～漂亮！

3. 疑问词

问人：啥人 sanin：谁：侬是～？

问东西：啥 sa、啥个 saghek：什么：辩个是啥？|啥个水果好吃？

问时间：几时 jishy、啥辰光 sashenguang：什么时候：侬几时来？|侬啥辰光去？

问地点：阿里 hhali、阿里搭 hhalidak：哪里：侬从～来个？

问数量：几 ji、几化 jiho、多少 ’dusao：几，多少：俉屋里有几个人？|一共几化人？|买多少物事？

问原因：为啥 whesa、哪能 nanen：为什么，怎么：侬～勿要吃？|伊～勿来？

问选择：阿里个 hhalighek：哪个：热天冷天，～好？

问方式程度：哪能（介）nanen/nanenga：怎么：DVD～翻录？|侬～介勿识相？

4. 最常见词

拨 bek：（1）给：我一本书送拨侬。（2）被：礼物拨我送脱了。

勿 fhek：不：我勿到海南去。

呒没 mmek：没有：苏州我呒没去过。

老……个 lao……ghek：很：伊打扮得老漂亮个。

邪气 xhiaqi：非常：伊平常邪气用功。

瞎 hak：极。

顶 din：最。

交关 ’jiaogue：（1）很多：我买了交关鲜花。（2）很：侬对我交关客气。

忒 tek：太。

侪 she：都，全：伊拉侪是好学生。

辣辣 laklak：(1) 在：我辣辣屋里向。(2) 在那儿：我辣辣写字。◇或写作“垃拉”。

辣海 lakhe：在那儿：搿眼小菜留辣海。◇或写作“拉海”。

葛咾 geklao：所以：我今朝生病，葛咾上班呒没去。

……浪向 langxian：……上：台子浪有一瓶花。

里向 lixian：里面：房间里向光线忒暗。

一眼眼 yikngenge：一点儿：我只买了一眼眼水果。

脱 tek：掉：搿只馒头侬吃脱伊！

脱 tek、脱仔 tekzy、得 dek、得仔 dekzy、告 gao：和：我脱侬是好朋友。

个 ghek/hhek：(1) 的：我个电脑关脱了。(2) 地：侬识识相相个坐辣海！

咾 lao：(1) 表示连接，和：书咾纸头咾摆了一台子。(2) 表示因果，因为：生病咾勿去上课。

咾啥 laosa：等等，什么的：今朝我买了点苹果、生梨、橘子咾啥吃吃。

哦 fha：(1) 吗：侬超市去哦？(2) 吧：侬就勿要去管哦！

唻 le：啦：侬个约会我忘记脱来唻！

喔唷 okyo：表示感叹：喔唷，打扮得介时髦啊！

喏 'nao：表示给予：喏，搿张碟片拨侬！

辰光 shenguang：时间，时候。

言话 hhehho：话：上海言话乒乒响。（俗写作“闲话”）

物事 mekshy：东西。

事体 shyti：事情。

儿子 nizy：儿子。

囡儿 noeng：女儿。

自家 shyga：自己。

一家头 yikgadhou：一个人。

白相 bhekxian：玩。

摆 ba：放：物事就摆辣搿搭，侬快点去。

乃末 nemek：（1）于是：伊做勿来，乃末我教伊会。（2）然后：懂了搿个道理，乃末照伊去做。（3）这下：一个勿当心，饭碗敲碎脱，乃末要拨姆妈骂了。

牢 lao：住：侬勿要档牢我个视线。

趟 tang：次：下一趟我勿会搞错。

简述上海话声母：

b 剥	p 朴	bh 薄	m 摸	f 福	fh 服	d 得
t 脱	dh 特	n 纳	l 勒	g 鸽	k 刻	h 喝
hh 合	j 鸡	q 气	jh 旗	x 戏	xh 齐	z 资
c 此	s 试	sh 事				
（y 衣	yh 移	w 乌	wh 舞	yu 迂	yhu 雨）	

简述上海话韵母：

i 鸡	u 姑	yu 居	y 字	a 加	o 瓜	e 该
oe 干	ao 高	ou 钩	an 厂	ang 唱	en 称	ong 冲
ak 格	ek 割	ik 笔	ok 剥	m 呒	n 唔	ng 鱼
er 而						

目　录

心里向永远年轻个复兴公园

复兴公园建园到今朝有100多年了。阿拉小辰光到复兴公园去白相,听见老人还习惯叫伊“法国花园”。搿个是过去法租界时代法国人开辟建造个公园,法式个园林特色一直到乃还保留辣海,大草坪,沉床式个艺术花坛,数勿清个法国梧桐。上海差勿多所有个名胜侪会有点中西融合个景致,还是法国花园个辰光,就有了局部个曲径假山亭台流水太湖石……

我个第一张照片就是坐辣下沉花坛个石级浪向拍个,搿个一年是1946年,我一岁半;到2006年一个甲子过去,我重临旧地,感慨万千,仍旧端端正正,坐辣原地个石级浪,又拍了一张。

让辰光回溯到20世纪50年代前期去哦!我进小学搿一年,是1950年。我读三年级开始初体验生活个辰光,每日天我总归是辣辣广播喇叭传出来个蛮有朝气个乐曲声中醒转来。我屋里住辣复兴公园隔壁个“花园邨”,每日早晨6点半,“第一套广播体操”音乐就从公园个大喇叭里向传出来,搿个辰光公园里大多数人,侪会自动个跟了音乐节奏做起早操来。辣四面八方空气好个地方，整齐个体姿总会得呈现辣海，几化一致！我去看过，尤其是大草地个一圈边浪向，林林总总立辣海勿少人，当一段老短个前奏音乐奏完以后，各个人侪预备好了，自觉自愿个响应号召，锻炼身体。当“第一套广播体操现在开始”辣喇叭里叫响，各种年龄、职业个人侪着辣像样个衣裳，一道踏步，广播操音乐一遍一遍个放，大家总归要做全一两遍。我感受到搿个辰光个人心是老齐个，邪气单纯也交关自律。其实搿个是一种平等，有平等接受锻炼个机会，平等受到全民启蒙教育，“不做东亚病夫”，“练好身体建设祖国”，辣听到一样个音乐声中开始脱仔停止操练，勿管侬是工厂领导还是普通百姓，必定做一样个动作，而且拨旁人看辣海比较做得好勿好。我老熟悉老欢喜搿套从小听起个广播体操音乐，后来居然去买了一张 78 转个唱片来随时听随时做，到今朝当我重放起搿张唱片个辰光，脑子里还会出现当年大人们一本正经个认真做操个情景。

搿个年代，复兴公园架辣竖杆浪个圆形广播喇叭里传出个，往往是一股新鲜个朝气。有欢腾个集体舞曲，我听到最多的是“邀请舞（简谱 5 1 1 1 | 7 6 5 | 5 2 2 2 | 3 2 | 1）”、“快乐舞（3 1 1 1 | 4 3 2 |）”、“狂欢舞（1 6 3 | 2 4 3）”、“团结舞曲（3 5 6 i i 6 | 5 3 5 6 | 5 -）”、“西藏舞曲（5 5 6 5 3 | 2 2 | 1 2 3 6 5 3 | 2 2）”、“鄂伦春舞曲（5 5 5 5 | 3· 5 | 5 i 6 5 | 5· 3）”、“蒙古舞（6 6 i 6 5 | 6 6 i 6 5 | 3 5 3 2 | 2 1 6）”、“苏联集体舞（3 3 5 4 | 3 3 5 | 2 2 5 4 3 1 1）”、“乌克兰集体舞

(5 3 3 2 | 176 5 | 6 5 6 7 176 5)”、“匈牙利三人舞(6· 7 | 1 6 | 3 2 1 | 7 3 | 7· 1 | 2 3 | 1 6 | 6 0)”，阿拉侪跳过。像广播体操乐曲一样，是用78转个唱片放出来个，每趟勿到4分钟，就换B面。当我听到隔壁公园个喇叭声音，听到放各种集体舞个音乐，外加有轨电车叮叮当当个声音脱仔手风琴伴奏合唱个声音，就会觉着令人神往，交关温馨。尤其是下午4点钟，辣夕阳笼罩下面，交关宁静个空气里，少先队个喇叭吹响了，有常时还配了鼓声，我就指望早日加入少年先锋队。3点多放学个学生，由学堂里组织来公园集体活动，差勿多天天有，唱起朝气蓬勃个少儿歌曲，像《我们快乐地歌唱》、《劳动最光荣》、《红领巾之歌》、《快乐的节日》、《我们的田野》、《让我们荡起双桨》，好听个歌也真是多。一旦碰着礼拜日，公园个热闹就达到顶峰。喇叭里一歇放歌，一歇放戏，一歇广播“遗失小囡个家长快点到公园办公室来领”。

我是1956年小学毕业个。1956年个复兴公园，辣记忆里，遍地是快乐个声音。公园里顶多个是年轻人，总归是情绪热烈个，侪会跳舞唱歌。周六周日夜里，旁边工厂工会组织工人来做各种集体游戏，“一号二号”、“开飞机”、“击鼓传花”……叫起来笑起来，声势老大，中气老足。“唱起来，跳起来，工作完了多愉快……”，是辣跳集体舞。有常时草地浪跳起青年圆舞曲(5 1 1 | 3 5 5 | 1· 3 | 5 – –)来，里向一圈男生，外面一圈女生，碰着啥人就两两搭伴跳。当然辣热天夜里向，暗头里盯梢人个阿飞也有。

热天每礼拜一趟，大草坪浪有免费“露天电影”放映，家家户户夜饭吃好，拿了单被到草地浪向去抢位置。小囡尽情辣单被浪向疯啊滚啊，到电影开场，头浪出满了汗。复兴公园原来是拨“枪篱笆”围牢个，后来辣50年代中期，拆了篱笆造了水泥墙，勿大高个，每当夜里放电影，“野蛮小鬼”就会去翻墙越壁省买票了。大家等啊等，等到电影开场辰光，外圈个人已经轧得推来搡去，每每到电影开始，一记头全场自动静下来，连白屏幕个背面侪立满呒没抢着地盘个人。阿拉去看电影，最主要个还是轧闹猛去，身体瞓平辣海数星星，更是感受场子浪个集体狂欢。上海人感到一家人辣弄堂里脱邻舍一道茄山河、讲鬼故事还勿够适意过念头，高高兴兴个去公园享受更加畅怀个“闹猛”！

第二日邻舍隔壁大家一道讨论起电影里向阿里个演员漂亮潇洒，阿里段戏有噱头，阿拉就赶到新城隍庙一家良友照相馆去买搿点电影明星照片脱电影插曲歌片，到书店去买晒蓝版个电影连环画，继续欣赏评议。

从正门走进复兴公园后，就有一座小假山，山浪有一个古朴个木挡手个茅草亭，背面下山地方有一股泉水从小山浪小池口汩汩拥出来，最后一层辣三块扁平个太湖石缝当中潺潺流下去，辣下面汇聚成一条弯曲个小河。我常常坐辣旁边石头浪看得出神，周边个三角形个白杨树树叶辣夕阳告微风里摇曳，金光闪闪烁烁。有个胆大一点个小囡会从一块又一块老滑个石面浪跨来跨去通过或者去蛮水，嬉笑声声，假使立辣石浪一滑，可以跌到涧水里向浑身湿透，不过河床做得老浅，勿会有啥危险。流水转个弯缓缓流到大草地个西缘。辣流过草地之前，还有一大块作兴是拼起来个平太湖石，上面开凿成一条条小道，让河水分成细条从纵横格子里流过去，大家也可以从石头浪通过，搿个是我唯一见到个一种巧妙构思个杰作。但是有个青年感到还勿过念头，胆大个人会像“跳远”一样，从搿搭浜岸跳到对过浜岸去，以释放伊个飙劲来比赛。搿条静静叫辣草地边流过个小河浜通过一条做成大路个木桥，汇进公园北面个大湖泊，所以原来复兴公园个湖水是活个。但是后来辣“文革”中，搿条漂亮个富有诗意个小河浜拨拉一些人指控为有资产阶级情调而用烂泥填脱了，但是搿条小浜却仍旧留存辣是我心深处，记忆中个小河里各处还常常开辣海睡莲，游辣海小鱼。

搿个辰光，一个至今还保留完好个下沉式大型花坛个东面，就是园里一条南北走向个大路，两边种辣海连续勿断个、高耸个法国梧桐，脱仔永长勿大个瓜子黄杨。辣搿条大路东面，还有一个动物园，门口有一块木牌，是民国末期上海市长赵祖康题个字“动物园”。假使出三分洋钿买张动物园票，就好进门。里向动物是蛮全个，据说是抗战爆发日寇掼炸弹以后，从南市个刚刚成立勿久个“上海市动物园”里“逃难”搬过来个。其中有我最欢喜个活狲多多，我常常看伊拉跳上爬下、亲来抚去，而勿思归家。还有各种各样个鸟，交关梅花鹿，一只狐狸，一只老虎，两只骆驼，一个大池塘里向脱仔两岸有各种水禽辣戏水。搿个小型动物园，脱大草地边浪个小河浜一样，辣“文革”中革脱了命。

有一趟我父亲带我从雁荡路门出去，辣路旁边个摊头浪，还吃到了道地个上海罗宋浓汤。搿碗汤，是我吃过个最嗲个罗宋汤！吃得我从此酷爱吃罗宋汤，直到现在，我告我太太辣屋里一周里向假使勿吃几次用油煸过个番茄、卷心菜、洋山芋汤，就勿会过门个！不过可以是呒没牛肉个素汤，一到节日，像国庆、元旦，总归到囡儿屋里去做道道地地个罗宋汤。

阿拉小学教学楼，其实原本是一幢大洋房，小操场浪种辣海三棵高大个枫杨树。一到热天，树浪就会开始落下来一串串个“元宝”来，所以大家侪叫伊“元宝树”。搿个是法租界里留下个从法国来个一种树。还有辣公园里向拨有些“虔诚”个游客奉为“佛树”膜拜勿已个“七叶树”，其实辣巴黎个凡尔赛宫草地边浪有交交关关根本勿稀奇。而法国人带来最多现在辣上海遍街种植个便是“法国梧桐”了，即使辣巴黎，也算伊最有风采。复兴公园又是法国梧桐个第二故乡，辣复兴公园复兴中路园门内外，就有多棵辣初种个辰光呒没摘除过顶芽个老树，生态自然，主干高壮，枝叶参天。尤其是门外有一圈灌木花草围牢个搿棵，长相特别有腔调。我坐辣马路对过个重庆南路第一小学课堂里朝搿面看，搿搭是观望搿几棵法国梧桐神姿个最佳地方，高高个尖顶，上面有几只乌鸦窠，每日夜快头，阿拉侪会看到老鸦归来，啊啊叫响。1956 年消灭麻雀运动掀起，从此乌鸦窠一直空空，乌鸦再也勿复返，麻雀倒又来了，而且一点勿见减少。

复兴公园辣我心中永远是年轻个。就辣公园门口大树底下，青年男女约会进园。黄昏过了六点半，谈恋爱个，介绍朋友个，常常人头簇拥，侪要穿着整齐新装，徘徊辣搿块温情个小天地里“接头”。搿搭有最真挚个嫣然一笑，搿搭有久等见面辰光个倾心满足，还有介绍人个热情奔忙，当年是呒没手机个，互勿相识个双方可能必须先望到个，就是搿棵粗壮个梧桐树。

到了1993年，复兴公园为了配合大工程往里缩小，门口头个辩几棵早已消失了乌鸦窠个梧桐，百年大树，连带马路对面个枫杨告小学，侪从地面浪向消失了。当然，斲脱几棵大树算得了啥！公园里向有个是法国梧桐，青年人原旧辣幸福个碰头。但对于我，辩个是我小辰光记忆最清晰个几棵树，每趟我经过复兴公园等辣海穿马路到小学去读书辰光，侪要抬头望一望个，如今失去了！辩一年我从日本赶回来，只能够做个事体是：赶忙寻到我屋里向原来个院子地位，拿堆满个拆迁杂物用力翻开，拿压辣烂泥深处个芭蕉老根挖出来，辩棵芭蕉是生下我个囡儿亦蕉辩年种下去个，我拿伊搬到我过渡房对面个烂泥里悄悄种下去。从辩个一年起，我搬离了相伴我50年个、可爱个复兴公园。我捧了带有老家泥土香味个芭蕉根，仰望辣陌生头感到陌生了个复兴公园，我心里个梧桐树，并呒没失去！再会哦，我爱个复兴公园！悄悄个我走了，我挥一挥手，勿带走一片云彩。

［注解］

乃 ne：现在。 总归 zonggue：总是。 几化 jiho：多么。 着 zak：穿。今朝 'jinzao：今天。 礼拜日 liba nik：星期天。 一歇 yikxik：一会儿。有常时 yhoushanshy：有时候。 热天 nikti：夏天。 暗头里 oedhouli：暗里。单被 'debhi：被单。 枪篱笆 'qianlibo：高大的竹编篱笆。 掼 ghan：擦着别人的身体挤。 一记头 yikjidhou：一下子。 邻舍 liso：邻居。 茄山河 ghasewhu：闲聊，侃大山。 适意 sekyi：舒服。 过念头 gu nidhou：过瘾。闹猛 naoman：热闹。 蛮水 me sy：玩水。 作兴 zokxin：也许。 活狲 wheksen：猴子。 道地 dhaodhi：地道。 囡儿 noen：女儿。 有腔调 yhouqiandhiao：姿态很酷，有型有派。 对过 duegu：对面。 斲脱 'zetek：砍掉。 辣陌生头 lakmaksandhou：忽而，突然。

小乐惠辣“八仙桥”

现今上海有个弊病，就是勿分地名脱仔路名。香港有旺角、油麻地、尖沙咀，东京有上野、新桥、秋叶原、目黑，伊拉每个“地下铁”站头脱“电车”站头，侪有一个地名个称呼，而上海个站名却大都是“某某某路”。侬看一条马路有几化长，到底辣阿里一段，勿熟悉个人看见了搿个站名还蒙辣鼓里向。现在公交车站只好用“某某某路某某某路”来弥补，站名忒长了，结果弄得大家侪记勿牢叫勿出，往往前面个“某某某路”几个站是一样个，像既没站名。搿个对于外地人外国人来讲麻烦真是忒大。

上海过去也有不少地名，像漕河泾、曹家渡、大自鸣钟、东新桥，后来车站命名多弃用地名代之以路名，大家就一眼眼拿交关地名忘记脱了。譬如只用徐家汇，遗忘了卢家湾；用了打浦桥，乱脱了八仙桥……浦东现在正辣辣城市化个进程当中，但愿勿要学浦西搿能勿断个乱脱地名。

“八仙桥”搿个地名，名字极雅，据说有过一座桥，取名“八仙桥”，不过搿搭却并非真有八仙来会聚过歇，而只是开埠以后上海人拿搿块地方建设得十分温馨。“八仙桥”个地位，相当要紧，原来辣法租界到公共租界去接头个要津，从淮海中路（前霞飞路）要穿过延安中路（前洋泾浜）到人民广场（前跑马场），龙门路就是抄近路斜穿过去个重要马路。搿搭有一圈热闹个街市。解放前，不但有黄公馆咾杜公馆，还有大戏院、咸肉庄。一头接牢新城隍庙、关帝庙，一头出去就是大世界、跑马厅。就辣辣50年代一扫上海滩淫黑势力之后，八仙桥辣后40年里向，仍然是上海市中心个一块风水极好个宝地，是一块人口稠密、街市齐全个上只角，是小市民邪气欢喜访临个地方。八仙桥解放后成了上海平民小乐惠生活个圣地，八仙桥演绎着一段市民精彩生活个历史。

吃，搿搭崇尚小吃吃，弄得精致个是“小吃”。辣建国初年，我也有过歇一趟机会走进搿搭最高最典雅个建筑“八仙桥基督教青年会”，姆妈带我去参加一个亲眷个结婚典礼，吃了一套像样个“大菜”，就是西餐，搿个是老正宗个“大吃”。不过，当第一道一大盆浓汤吃完，我已经拿肚皮填满，以后也就呒没多吃啥，或者是吃了眼啥老快侪忘记脱了。到后来，我到青年会搿搭去，只有去排队买火车票个份了。我辣八仙桥路面浪店里吃到个，侪是美味而难忘个小吃。

有个有名气个室内大菜场叫“八仙桥小菜场”，19世纪后期就已经有辣海，称“华洋菜场”，一直延续到21世纪初，搿搭百姓买菜十分方便，菜肴搭配个花色当然也格外出彩，我见识过20世纪70年代个“盆菜”，搿个辰光平民生活还老艰难个，过年辰光连买洋山芋还要排队。后来创新出来一种花样，拿几样菜搭配起来摆辣一只大盆子里，也只不过是拿有眼菜场上少见到或者买勿着个菜，摆辣一道方便顾客买回去可以速炒，搿能介个“盆菜”卖价就稍为高点。我见到个“盆菜”辣搿个菜场里花样比别搭丰富，就老眼热。搿搭个平民侪住小弄堂小房间，闲辰光只需躲进小阁楼，黄昏时分，心情十分舒坦。因为伊拉勿去追求高档，有点“螺蛳嗍嗍、蹄髈笃笃”就好，“评弹听听、老酒渳渳”，再养养眼神，搿能悠哉悠哉个“小乐惠”日脚，即使辣60年代初三年灾难时期也勿会放弃，也会想方设法重温，苦中作乐。

搿搭个小吃是继承传统个。辣50年代后期，还有小推车浪卖浓汁个“兰花豆腐干”，香鲜个“素火腿”，仍旧保持辣海法式风味个“色拉红肠嵌罗宋小面包”。辣搿个饥肠辘辘个年代，搿搭开出一家专卖“排骨年糕”个小店，大家吃得“鲜得来”，干脆就以“鲜得来”命名了。

搿搭个小吃是精致个。熟菜摊上偶尔有美味个野鸡卖，火腿店里有拿破得极薄一片片然后铺排粘连成像纸头一大张个熟火腿，一元洋钿一份，搿个原是淮海路老牌名店“野荸荠”老师傅个绝活。六七十年代辣龙门路个一家转弯角子里个小书店旁边，有个小吃店，其中有一只“咖喱线粉牛肉汤”，做得极其入味，生意交关好。我每趟路过搿搭，总归熬勿牢，板要轧进去吃伊一碗。后来学会了制作方法，乃末已经成为我屋里向个一只传代个特色菜肴。辣八仙桥还常常看见辣人群里个小推车，在玻璃罩里铺开个是琳琅满目个特色零食，如苏州九制陈皮、盐金花菜、蜜汁芒果、甘草咸支卜、酱油西瓜子，交关别搭块也有却呒没搿搭做得精致个小食，侪是小老百姓、小八腊子欢喜个物事。

小朋友用两分洋钿买了一只三角包个咸支卜，可以开开心心吃个一日天。

㾝搭吃个物事也是蛮有创意个。解放以后上海汽水饮料长期只有柠檬水、沙士水两种，辣50年代末，八仙桥辣全市最早推出饮料“酸梅汤”，一直到70年代，长期保持6分洋钿一杯。伊个基本成分是乌梅，是中国特色个好饮料，也是我直到今朝顶欢喜个夏令饮料。60年代八仙桥有一家店又大力推出一种“刨冰”，最初个花样是辣赤豆汤底子浪向盖上去交关机器粉碎个细冰，辣当年又是受到百姓邪气欢迎个新花样，有勿少人老远赶来尝尝㾝个冰瀴个美味。我周末从复旦回屋里，总归要辣八仙桥下车停一停，吃杯可口个刨冰再走。八仙桥就㾝能介，常常是我解馋个中转站。70年代后期当西瓜还是少量进入上海个辰光，辣家家户户难以买着西瓜又没有冰箱辰光，㾝里个一家小吃店却开张供应“冰镇西瓜”，当时我吃得㾝个爽啊，真是勿胜回味！80年代改革开放之初，八仙桥个一家“圆子店”（记得店牌错写成“园子店”）里，夏天供应起“自制大杯冰淇淋”来，独此一家，价廉味美，店里老师傅一定是有从前秘方来历个，㾝搭又是轧满了人，我常常负责拎了保温器乘了叮叮当当个2路有轨电车去买冰淇淋到屋里，一家人吃得邪气开心。

八仙桥，就是㾝能有创造力有魅力个。小乐惠个地方，就成就了小乐惠个人。㾝里向潜藏汇居辣海一些能人，到㾝搭常常会拨人带来一点惊喜，小店、市面是活个，店固定而市面多变。就讲㾝搭一个小小书亭式个书店，也是袖珍而凝练个，我常常到㾝里买着别搭地方买勿到个好书。70年代大家自家动手做半导体收音机，侪轧到八仙桥去买各种便宜零件。

八仙桥个人，裁剪成衣也是一只顶。埃面个女人，从小侪会点女红，辣自家屋里个缝纫机浪得心应手。埃面个男子，也有勿少是私人裁缝，其中有制作经典成衣告勿断翻制时髦花式邪气老鬼个老法师。因为八仙桥从解放前起就有两家上海著名个大布店：老协大祥绸布庄脱仔宝大祥绸布庄，一直开到21世纪初。搿两家绸布店我辣五六十年代也进去过，每走到协大祥绸布商店门前，我头脑里会勿由得闪过一张照片，想到1956年时协大祥个老板着仔长袍立辣公私合营新店牌前个憨厚笑容；我也会想到70年代初"深挖洞"辰光见到店里个几块地板挢起来钻洞机打出来个泥浆流满一地。不过我进到店里，放眼看到最多个是老百姓辣将要做新衣裳辰光个从心里溢出个笑容。绸布个花式看得眼花落花，抬头看还有拉得老长个钢丝，营业员拿顾客付款个钞票告账单卷起来，摆进钢丝浪个夹子里，用力一推，搿个夹子就像吊车一样，滑到老高个总账台浪向去，总台又拿找好个零钿告发票推回来。我当时戇想，搿个钢丝浪大概每夜要用滑石粉搨一搨个哦，觉得老有意思老有创意个。现在是连人侪可以辣缆车里滑来滑去，自然呒没啥稀奇了。八仙桥有介大个两家绸布店，还有鞋帽店，近朱者赤，难怪搿搭个百姓侪衣冠楚楚了。当改革开放一开场，柳林路浪一记头开出介许多个摊位，拉开卷帘门，布满最新式最受欢迎个衣裙，紧身西裤告黑短裤，还随时可以量尺寸裁剪做合身衣裤，日日接待全市各处来赶时髦个靓妹俊哥，热火朝天，自然勿足为奇了。

小乐惠个一大特点，是实实惠惠，称心如意。小老百姓，勿作痴心妄想，自得其乐。搿种乐惠是实在个好处，实实在在满足此时彼时个心意。乐惠虽小，其乐陶陶。八仙桥紧连中外闻名个大世界，大世界也是小老百姓欢喜去游乐个地方。八仙桥因为地处闹市，除了百货商店以外，还汇集了勿少特色商品店，如精致个中药店、参行、茶叶店、烟行、钟表店，远近有名。还有搿个看了勿少越剧沪剧个"大众剧场"，听了勿少书个"得意楼"，曾去通宵排队买电影票个"嵩山电影院"，有月宫理发店、顶顶好个"老人和"本帮菜饭店、糕团店。交关侪是年代久远积聚下来、充满市民习俗文化告情调个所在，是各方大众习惯频频光临而形成个自然街景。一搬动，气脉就会消失个。就讲从解放前就已闻名个两个大众浴室——西湖浴室告日新池哦，也是阿拉弄堂告阿拉学堂里个一点人常去之处，尽管乘车去也要三四站，我屋里也有几家人家合用个浴缸，但是我从小就脱弄堂里向两个出窠兄弟一道，常庄相约到西湖浴室去汏浴，从小学少年辰光汏到大学长成青年了还去汏，一道汏浴已经成为一种松心游戏。汏完浴一身轻，还可以躺辣床浪，泡一杯清茶吃吃，或眯了眼睛睏个小觉，其轻松舒适个感觉难以形容。有一趟过年前，邪气轧，伊拉居然安排我进了一间特殊个包房里去，搿个里向有单独个浴缸，当时是1958年了，人人去汏浴侪是进大汤再冲洗，搿年强调动员一切设备为人民服务，所以我有这次佳遇，使我看到搿个辰光埃面还保存辣海解放前个搿种一家人可以关起房门一道汏浴个包房，也算开了开眼界。又有一趟辣1959年年夜头去，大汤轧得人都碰来碰去，大池一间里空气忒闷，我搨满肥皂要去大池，突然昏倒，旁边就是转角个大池石栏，幸亏轧辣人堆里个浴室服务员刹那间拿我一把拉牢，拖到外面，立刻喷我一面孔冷水，方才使我清醒过来，避免了一场勿堪设想个事故。

辣西湖浴室里，有几桩见闻我还记忆犹新：一趟是见到一对十八岁左右个双胞胎，真是从头到脚各到各处侪长得一样高低一样大小，我总算弄明白一个成语个意思，啥个叫做“一模一样”！上海话叫“一似一式”，搿个辰光就有沪普合璧词“一式一样”了。80年代初我辣电视浪为上海极其多人参加个第一届电视大学文科班上课，有一趟辣西湖浴室彼此脱光个大汤池子里，有一个告我素勿相识个电大学生（当时电大学生多为插队回沪青年）叫起了我个名字，伊一直每礼拜一趟辣黑白电视机前头看我上课，搿日勿料近距离见到我个真面貌，阿拉两个人一道走出浴池，从此就成了好朋友。搿个两桩侪可以讲是我辣交关有情趣个、小乐惠个西湖浴室里个“花边”际遇了。到了90年代初，有一趟我从日本回沪休假，勿加思索就到了八仙桥，勿晓得搿个辰光西湖浴室已经大幅涨价了。虽然也还是搿能样子个一个池子，就勿是一角五、二角五一张票了，我走进去一看，卖筹处个卖相也勿一样了，看了价钱吓过一跳之后，到底还是呒没退出来。池里向只有两个人，替我擦背个人当仔我是老板，苦苦又悄悄问我讨小费。我想起了西湖浴室过去救过我一命，钞票我是多付了，不过浴室拨我个感受，已勿比当年了。

［注解］

几化 jiho：多么。　一眼眼 yikngenge：渐渐地。　厾脱 doktek：抛弃了。

过歇 guxik：过。　上只角 shangzakgok：城市里居住条件好，生活水平高，居民文化层次素质较高的地区。　弄 'nong：搞。　亲眷 'qinjuoe：亲戚。　稍为 'saowe：稍微。　嗍嗍 soksok：吸吸。　笃笃 dokdok：文火慢煮。　老酒渳渳 laojiu 'mimi：抿酒。　日脚 nikjiak：日子。　鲜得来 'xidek le：味美得很。　破 'pi：用刀平切一层。　洋钿 yhandhi：钱。　总归 zonggue：总是。　熬勿牢 ngaofheklao：忍不住。　板 be：必定。　别搭 bikdak：别处。　小八腊子 xiaobaklakzy：儿童，寻常无权百姓。　瀴 yin：冷，凉。　一只顶 yikzak din：最佳，极好；程度最高的。　老法师 laofaksy：资格老的名家。　挢 jhiao：撬。　一记头 yikjidhou：一下子。　介许多 'gaxudu：那么多。　顶 din：最。　出窠兄弟 cekkuxiongdhi：从小在一起玩耍一起长大的好朋友。　常庄 shanzang：常常。　汏浴 dha yhok：洗澡。　搨 tak：擦，涂。　卖相 maxian：表面样子。　当仔 dangzy：以为。　讨 tao：要。

平民乐园城隍庙

上海辣元代至元二十八年(1291)建县个辰光,就供奉城隍了,搿个辰光是祀奉辣上海县城外西面个淡井庙里。到明永乐年间(1403—1424),由知县张守约拿三国末年吴王所建个霍光行祠金山庙改成功城隍庙,坐落辣辣方浜之北,供奉个是朱元璋赐封个对上海得仔江南有过贡献个上海人秦裕伯,同时还供奉原来个霍光,成为“一庙二城隍”。到现在,辣上海个城隍庙里,前殿个白面神像是霍光,后殿个红面神像是秦裕伯。1962 年我去城隍庙,辣旁殿还看到近代为保卫上海抗击洋人而英勇牺牲个陈化成个塑像,搿个是百姓供奉个第三城隍。

六百多年来,上海城隍庙几经灾祸告扩展。今朝阿拉能够看着个进门牌坊浪个“海隅保障”四个字,据说是嘉庆年间知县请一个神童书写个。明崇祯初,辣仪门浪造了戏楼,康熙二十二年建鼓亭二所,康熙四十年辣庙东构建东园,就是现在内园个前身,城隍庙开始成为城里名胜之所。乾隆十三年(1748)寝宫焚毁重建,又购买豫园作为城隍庙个西园,辟做各业公所,游人也慢慢增多,终至肆店林立。由此可见,上海城隍庙个烧香兼游乐商业功能，辣200多年前就已经形成了。

清朝道光以来，城隍庙辣近代脱上海百姓一道罹难，曾经遭遇三趟兵劫，三趟火灾，顶末脚一趟火灾以后，由黄金荣、杜月笙咾啥得仔邑庙公产会协力捐款，辣1926到1927年建成了现在阿拉能见到个一座钢骨水泥个建筑，雕梁画栋，金碧辉煌，工艺辣当时是世界未见之奇观。中国交关城市侪有城隍庙，过去，史称“江南香火之最”个，是上海城隍庙。

我辣日本东京浅草雷门前，看着过祭日里百姓个热闹狂欢盛况，民俗色彩邪气浓厚。其实辣民国时期，上海百姓辣城隍庙个各种过节辰光活动也是名目多咾邪气兴盛个，像每年初三辣内园例开个梅花会，供游客玩赏，元宵个灯市，二月廿一个城隍神诞辰，三月廿八城隍奶奶生日，侪有纪念活动。立夏新麦上供，四月下旬兰花会，六月初六天贶节，九月中旬菊花会，也有相应活动。尤其是城隍神一年三趟（清明前一天，七月半，十月初一）个“三巡会”“赈济孤魂”，有盛大个“出巡”赛神活动。名中医陈存仁先生曾辣三十年代亲眼见到七月半个城隍出巡会景，节目交关，路径老长，南市个百姓万人空巷，租界里个人侪赶去参与观看。黄金荣出席会景行列个“顶马”开道，高头大马引路，还请来5个外庙神道，举行大会师式个“排衙”阴审仪式。辣初会“正日”，城隍坐金碧辉煌个绿呢“坐驾轿”，钟声号角鞭炮齐鸣，四围善男信女跪地叩送。后面是清道旗、虎头牌、官衔牌脱仔形形色色个虎威执事。仪仗队后面是百余“黄衣会首”，多是工人；有些人自以为罪重，穿蓝衣随队游行，认为可赎罪个。旗牌队武士侪是粗汉，手执五色大旗，耀武扬威，手握沉重个铁链手铐“出轡头”，一路浪银铛之声勿绝。跟辣海个，就是踏高翘、荡湖船、八仙过海、蚌壳精咾啥，尤其是还有一个歪戴乌纱帽手拿便壶个糊涂瘟官，极尽百姓个讽刺。此外，队伍后面有种种杂耍、阴皂隶告出风头个人。向神求签占卜以后，绕行城厢一周，再到无主孤魂个葬地“义冢”、“万人冢”，号泣追思，哭声遍野。搿种出会仪式，好像迷信浓厚，但行善惩恶个宗旨老明确，其效果对不法分子会起心理浪个震慑作用。三巡会也是精心策划个群众性节日民俗娱乐活动。

20年代城隍庙庙殿建筑保留到现在，但30年代后，城隍庙又脱上海百姓一道再经创伤。日寇辣1937年8月13日对南市掼炸弹，豫园划进难民区，又遭破坏。上海个大多数老百姓勿能再去供奉城隍，乃末辣连云路浪造了新城隍庙。胜利后老、新城隍庙并立甚久，直到1965年“文革”前二庙俱废。后来新城隍庙取消，老城隍庙个庙宇到1995年刚刚重修，恢复卖票开放，仅存头门、仪门、大殿、寝宫几个建筑，原来个一副用端庄隶书刻写个大殿门联逃过“文革”浩劫，其质朴浅显个文辞、深刻个含义，依然拨拉前来烧香拜神个百姓侪朗朗诵读：“做个好人心正身安魂梦稳，行些善事天知地鉴鬼神钦。”隶书写得交关好，还保留了“明莫秉清题”、“裔孙末锦纶重勒，邑人杨逸谨书”个落款。

像嘉定个秋霞圃告青浦个曲水园一样，园林街市本来是城隍庙附属个休闲地，后来变得反客为主，上海城隍庙个兴盛，却缘于豫园告庙市是游玩告购物个天堂。上海辣二三十年代，游乐场所实际浪已经形成勿同个层次。南京西路是富贵阶层娱乐个场所，南京东路（不包括外滩）次之，平民百姓有两个主要去处，一个是大世界游乐场，另外一个更加平民化个地方令人神往，是连门票都勿要得个"城隍庙"地带。搿搭有繁华个街市，热闹个文化告商业活动，有神庙，有楼亭戏台，有一泓碧水、九曲长桥，有点心店、酒菜馆、书场、茶馆、南北杂货、上海特色小吃、儿童玩具、古董、字画、书店书摊、西洋镜、稀奇八怪个动物啥啥，一切应有尽有，日日侪有变化，像小热昏叫卖个"梨膏糖"腔调，就从搿里唱出名来；演说《隋唐》个一代评话书王吴子安，就是辣城隍庙蛮有权威个群玉楼书场里，脱前辈打擂台当中为父代书而胜出个，当时老城隍庙里有九个书场。辣搿块地方，除了道家个城隍庙，还有"沉香阁"尼姑庵，有关帝庙，有清真寺礼拜堂脱法国天主教堂，体现出海纳百川个海派风情。解放后，当年属城隍庙个东北隅个一部分园林"豫园"先关闭后精修，1961 年对外卖票开放。

我少年辰光到城隍庙白相是辣 1958 年，同班张韧同学（原名刘祥龄）约我去个。搿辰光是辣全国工商业"公私合营"以后个第二年，"三面红旗"运动刚刚掀起，城隍庙还保有一些老个光景。我第一趟游城隍庙，眼界大开，看到个城隍庙还是保留旧风俗脱仔海派文化蛮浓厚个地方。近城隍庙个街道，有长长个一条是卖小动物个，两边侪聚集了卖鸟卖金鱼热带鱼、卖兔子乌龟洋老虫告各种小虫个摊头，其中有勿少养鸟养鱼个"老门槛"就活跃辣搿搭。走进城隍庙个头门，空地当中仍旧有一长条小吃摊，脱民国初年个照片浪向相似，左右两旁边有长凳，大家辣搿搭可以吃着有特色个鸡鸭血汤、面筋百叶包、小笼馒头脱皱纱馄饨啥啥。广场个两边厢房，还有一点玩具店、香烛店告小吃店。香烟缭绕个大殿楼浪，二楼房间个通道两边，有交关写明勿同年龄生肖可以对应个星宿菩萨，勿同年龄个游客就辣脱自家对上号个菩萨面前跪拜。三楼一条通道是“廿四层地狱”，两边排列满了地狱里种种实施刑罚个泥塑，观看者人头济济，所以也看不大清爽。走过掰条“阴界”，勿免产生对鬼神个敬畏心，心里想坏事万万做勿得。正辣想个辰光，忽听得有人喊叫“白无常鬼”、“黑无常鬼”，我从有鬼体个一间旁边匆匆溜过，越是怕，越是要抬头去张望一下，是穿白衣服告穿黑衣服个无常鬼，红颜色个舌头拖得老长。走出北门，只见场浪热闹非凡，一些测字摊前头围满了人，一条队伍挨辣测字，阿拉也立辣海看抽签测字许久。掰点算命个地方则是双方端坐，似懂非懂听算命先生娓娓拿命运道来。

阿拉又看到了大家抢辣海要看“西洋镜”个地方，看圈辣海个“动物园”，外面围辣海个帆布浪，画辣怪兽，有两头蛇、独角兽啥啥，因为要买票，阿拉居然呒没进去。但是阿拉看到了辣场浪“卖拳头”个，用长钢刀完全插进自家喉咙里去个表演。还有活狲出把戏、唱绍兴戏个。有表演扯铃，有个扯个是贵重个瓷器花瓶。场浪向个游戏，有设物套圈个，有用猎枪打气球个，有着象棋残局个，有长台浪打“高尔夫”个……顶使得我兴奋个是一家家小店甚至小摊，卖各种各样阿拉欢喜个游戏棋子告劳作画纸，还有民间个谜语书、香烟牌子、玻璃弹子、粘贴纸、蜡光纸、橡皮泥、石膏雕刻模型、飞机制作模型、扯铃、贱骨头、十字绣、丝线啥啥。最多个是形形色色个“桌游”棋子，像“蛇梯棋、康乐棋、红旗竞赛棋、飞行棋、跳棋”，搿个辰光游戏棋子设计真是多样化，交关是解放前从欧洲传来个游戏，50 年代还是十分普及，售价又低廉，一色个五分，彩色个一角上下。只需一张图纸，一个木制个骰子，几只走子，但是对小囡来讲白相起来其乐无穷。有些人从城隍庙批发了带到各个小学门口去卖，摊头前总归会围辣海一圈小学生。搿种平民化个游戏棋，几乎家家小囡侪有得几副，却原来交关侪是从城隍庙出笼个，可惜现在大多失传了。

第二桩我感兴趣个是城隍庙有勿少小书店脱仔书摊，熟解行情，卖书经验丰富，能辣搿搭点地方见到大马路浪旧书店里买勿到个民间流出个古书、旧书、旧杂志，还有老廉价个旧连环图画，尤其是还卖一点解放前头个书，石版个线装书也有。搿个完全是搿些书摊个老板侪是老手，贴近平民，勿辞做小生意，使书籍转换流通自如，搿能样子个小书店十分吸引人。钱杏邨辣 30 年代发表的《城隍庙的书市》中提到过一天伊去看书买书个书铺就有 15 家，还有勿少书摊，伊经过了 20 多处个翻检，精神老倦乏了。到 50 年代虽然已经勿像钱杏邨当年辣城隍庙旧书摊浪淘书辰光有介精彩个经历，我见到有个书店告书摊已是奄奄一息了，但是还有书铺书摊，搿些侪让我去城隍庙觉着邪气对胃口。可惜，辣 60 年代，紧随所谓“移风易俗”个口号越喊越响，勿但算命测字，鬼魂地狱，连带交关节日脱仔民俗用品，侪横遭打击，城隍庙个民俗气氛越“移”越淡，越“易”越失去平民情趣，曾经民俗气息老浓老有特色个小商品，还有旧书旧戏文化艺术用品侪一点点淡出，城隍庙便“大路货”化，变得单调起来了。

“文革”十年，伊面已经呒没庙宇可去，商场改名为“豫园商场”，“豫园”也除了接待外宾之外就紧闭大门。但阿拉依然欢喜去“豫园商场”，阿拉仍然讲“阿拉到城隍庙去”！搿个辰光，商场买卖十分低调，但上海人个特点，还是会辣高压中隐隐保持一点海派个灵活，“革命”是勿会太彻底个，一有间隙告机会，“封资修”个尾巴便悄然翘起，比如炮仗，比如水仙，比如弦琴扇面，当时去城隍庙也买到过，还会不时看得到一些新个花样，买到一二样新鲜个物事。70年代初意大利个名导演安东尼奥尼来拍摄《中国》电影，到上海个一个重要拍摄地，还是要安排伊到城隍庙九曲桥浪个茶馆里脱布置好个上海人交谈。

90年代以后，上海有意拿“豫园商场”打造成为上海民俗特色最浓厚个地方，用来吸引国内外个游客旅游购物。城隍庙地区新造了不少飞檐翘角个商场，商场越开发越大，过去交关街头小摊也安排进了“福佑”等小商品商楼，楼里向人头济济，一面簇拥一面买购物事，也别有风味。大面积个商场依然商品辐辏，百业荟萃，包罗万象，依然有丰富个土特产告特色商品市场，依然辣辣领头告辐射上海平民街巷个小商品生意，依然是一个上海顶吸引平民百姓个游乐天地。

现今城隍庙商场，低档、中档脱高档个商品侪有，低档到两元洋钿一样个杂货，高到老庙黄金，价钱老贵。但是同样质量个珠宝水晶翡翠制品，辣“正规”大店里个价钱可以是小店里个几倍。辣一条“水晶街”里向，也有勿卖假品个店，如碧玺、发晶以至最新个“舒聚莱”，卖价就公道得多；再要便宜，就可以到“藏宝楼”去淘。一样个商品，高价低价侪有，相差勿小，就看侬个门槛眼光自家去淘，搿个辣五六十年代

“定价”年代简直勿可想象。搿能也有好处,买到了自己觉得便宜个物事,就会邪气高兴。上海百姓购物,蛮注重氛围环境,小路曲折,别有风趣。辣布满商品个豫园商场里,有一条特色商品小街,尽管民俗回潮乏力渐趋淡化,新奇物品又辣勿断增添,但是还是有意保留了一些老商品,如琵琶弦子乐器,文房四宝扇子书画,王大隆各色刀剪,但是勿少实惠便宜个家用小件已经消失了,如不久前能配各种瓶塞、各种丝线咾啥。书画扇面卖得老贵,但上面个字画告印章实在勿能恭维。60年代告80年代空前活跃个新华旅游书店,也只好蜷缩到二楼去;旧书铺只有方浜路浪一家,也形同虚设;那家卖CD、影碟和磁带个所谓“上海老唱片行”,一趟又一趟缩小店面,现在已经失踪。书籍咾啥文化个专卖店个空前萎缩退出,使搿搭个斯文处于逼仄之地,“老字号”个只有饭店金店。

城隍庙个上海小吃,仍旧对着上海人胃口。花样众多,花钱较少,风味特浓。像特产奶油五香豆,虽然再也呒没阿拉50年代吃到个咖喱五香豆而只剩下来一类,但因勿减本色故销路极好。历史悠久个梨膏糖、粽子糖、麻酥糖咾牛皮糖,南翔小笼、擂沙圆、排骨年糕、宁波汤团、鲜肉春卷、皱纱馄饨、鸡鸭血汤、双档、桂花赤豆汤、油炸鱿鱼咾糟田螺,各种有可口浇头个面点,五花八门,集江南小吃之精华,以至上海有勿少地方个“大食代”、“小吃店”类摊子浪,常常看见打着“城隍庙小吃”个旗号。

现今个城隍庙商场,官方名称是“豫园商场”,虽然历史是由城隍庙再形成商场,但是现在“豫园”要买20元个门票再好进去,“城隍庙”

也像全国个大量庙宇一样要作为一个旅游“景点”而卖起门票来，十分之八九来此游玩个人，侪勿会进入搿两个本来是该地个名义浪个中心场所。假使讲要限制人数保护名胜园林，因而去豫园要买票进入个话，还讲得过去点，但是老百姓要去烧香拜城隍也怕人忒多哦？尽管现在搿搭个景致已经反客为主，新建个地铁站名也叫“豫园站”，公交路线个站名只写“新北门”，不过上海个老百姓仍旧亲切个称呼搿块地方叫“城隍庙”，常听说“到城隍庙白相去哦？”平民个心目当中总有个向往个乐园。

民间就是搿能欢喜有点杂，有点俗，搿能再会有点花头；有草根个生气，会有活力；多元共存，乃末会生气勃勃。城隍庙商场当中个交关地方，勿忒买冠冕堂皇个账，勿忒装假正经个样，乃末城隍庙就成为搿能一个有深厚本土民间底蕴个地方。

[注解]

滩头 'tedhou：摊子。 老门槛 laomenke：很精明，很内行的人。 清爽 'qinsang：清楚。 活狲 wheksen：猴子。 着棋 zak jhin：下棋。 小囡 xiaonoe：孩子。 一点点 yikdidi：渐渐。 大路货 dhaluhu：低档、常见、无特色的货品。 洋钿 yhandhi：钱。

海派淮海路

上海人一旦离开上海,往往会想起上海个淮海路。1969年我辣解放军农场“接受再教育”,睏梦头里常常回到从小走惯个淮海中路。有一趟夜里农场停电,阿拉几个人提早睏到床浪向,就开始神游淮海路,拿淮海中路浪向个商店一家连牢一家挨次挨序列数一遍,居然一家也勿漏脱。尤其是讲到一点饮食店,熬勿牢馋唾水嗒嗒滴!

淮海中路辣20世纪50年代之前曾经有老长一段辰光叫霞飞路,始筑于1900年,原来是法租界浪最主要个一条马路,路个两旁边种辣海两排粗壮个法国梧桐,辣建造搿条路个辰光,就誉为“法兰西逻辑设计”、“体现几何学上的精确性”。霞飞路是一条可以脱巴黎个香榭丽舍相媲美个马路,曾经以其浪漫告时尚个风情辣上世纪闻名于远东,有巴黎多见个六角个多条马路相交街景,有各种西方流行个公寓大楼告洋房,有错落个上海特有风格个新式里弄,色彩斑斓绚丽。法兰西经典再加上几百家个俄侨商店,高贵而雅致,频频散发出多元文化交融个特有个气息。

淮海路路面个多元时尚具有遗传性，因为生活辣搿搭个上海人沾染告传承了原来霞飞路浪个风尚告习性。搿点风俗延续到今朝，成为处处会流露散发出来个一种海派气质。“外地人欢喜兜南京路，上海人欢喜荡淮海路”，搿个是差勿多人人侪晓得个上海口头禅。

淮海路浪向，渗透了浓郁个“小资”情调，淮海路一直是流行服装告流行色个发布地。搿个不仅是指淮海路浪个交关权威服装店勿断辣辣创造出标准大方个时装脱仔辣辣翻新时尚个花色，而且淮海路浪是男男女女展示自家打扮风采脱仔模仿学习别人前卫个新样款式个传播交流地。老多别搭地方勿看见个所谓“奇装异服”侪会辣淮海路浪向第一个出现。辣五六十年代，规范个时装样式是保守个清一色，但是耐勿住寂寞个海派男女总归是辣锦上添花或者追求新奇。一种海外关系往往成为传播小资服饰个温床，从香港回来个人个穿戴当中露出个亮色，邪气快就成为大家仿照剪裁个对象，更加多个人是从香港寄来个哪怕是旧衣裳当中发现新花样，辣小姐妹道里先传播开来，买勿到就自家剪裁，乃末缝纫机就成为结婚成家辰光“三机一响”中个必备品。电影《柏林情话》一放映，淮海电影院个外面就出现了“柏林情话头”，搿能个发型辣淮海路浪马上流行；看了苏联电影，“布拉结”连衫裙一歇歇就辣淮海路浪露面。就是辣“文革”非常时期灰罩衫铺天盖地个辰光，当时只放映阿尔巴尼亚电影，淮海路浪就出现了《第八个是铜像》当中女主角身浪个搿种黑白粗花呢大衣。还要想翻花样，譬如看到人家短袖子衬衫个一只领头背后有一个缺口个花式，回到屋里就马上自家做裁缝，速成搿种式样。女青年走辣淮海路浪，搿条路就成了伊拉制作时髦服饰个参考佳地。

从淡水路到襄阳路搿一段淮海路，是长期以来最繁华个马路。一直到90年代改造之前，上海老字号、名牌特色店林立，市面繁荣，店里向热闹非凡，店外"荡马路"人流如织，摩肩接踵。到了80年代，由于自由市场个开放，往西个华亭路，朝东个柳林路也成了人头攒动闹猛之地。

而我读中学个六年，每天从重庆南路走出，到瑞金一路转弯到学堂，就辣淮海路最热闹个一段街浪，来回一转，领略了交关五六十年代淮海路浪个风光。后来辣七八十年代，每礼拜从乡下回来休假，几乎每个礼拜日上半日侪要脱太太一道领囡儿去兜一圈。

我最早接触淮海路浪个饮食，是"罗宋汤"。还辣读小学辰光，有一趟父亲带我去复兴公园后门个雁荡路浪，吃了一碗鲜美个"罗宋汤"，搿个是邪气正宗个俄式汤点，从此我就一辈子爱上了"罗宋汤"。搿个辰光还是辣50年代初期，辣淮海中路重庆南路一带，当年还保留辣海几家有名个俄餐厅，像淮海电影院（原称巴黎大戏院）搿搭就有一家"东华俄菜"，价廉物美。罗宋面包、色拉面包，就成了我最欢喜个点心。原霞飞路浪个俄菜馆"华盛顿餐厅"到50年代改名为"上海西菜馆"，仍旧以俄菜为基础，还有法式咾啥西菜加入，我就常去光顾，现在个"红房子西菜馆"，原来是意大利人开设个，法式菜点比较正宗，也有俄菜，侪是我至今最欢喜去吃西餐个地方，去吃奶油忌司焗明虾、焗蛤蜊、葡国鸡、牛排，可惜搿爿店最近竟取消了罗宋汤。脱俄商经营有关个，还有"泰昌食品公司""老大昌法兰西面包厂""哈尔滨食品公司"

咾啥，其名称告特色延续到五六十年代，也是我搿个辰光最欢喜去转一圈甚至排队购买食品个好地方。后来一直到80年代“哈尔滨食品公司”出产个“奶油裱花蛋糕、奶油椰蓉夹心糖、酒心巧克力、超级水果蛋糕”，常常要排队再能够买得着个。当时茂名路、陕西路一带个淮海中路浪，集中了一些顶有特色个食品店，像“上海食品”店个“巧克力酥心糖、奶油蛋糕、罗宋面包、色拉面包”，“老大昌食品”店个“白脱蛋糕、朗姆蛋糕”西式糕点糖果，一直是附近个上海人个争购热门，排队起来劲头十足。辣60年代前期过年过节辰光，大家侪要买“哈尔滨”个“礼花”糖送人或者招待客人，用“玻璃纸”包糖就是从搿些食品厂开始个，各种粉红、果绿颜色个包糖纸十分吸引人，还有意印上些拉丁拼音字母，到了“文革”辰光，糖纸头还是原样鲜艳，只是搿块地方改印为“最高指示，要斗私批修”而已，下面个一行小字“上海哈尔滨糖果厂”变为“上海工农兵糖果厂”。可见上海个海派文化如此深入人心，小资情调即使辣非常岁月里，还是搿能悄悄个顽强个表现出来。

中式菜肴也侪辣名牌个饭店酒家告饮食小店里，各帮品种纷呈，搿些酒家饭店有老牌个“绿杨饭店”、“成都饭店”咾啥，大多数分布辣思南路口个两边。还有“大同酒家”个“烤鸭”，“美心酒家”个“蚝油牛肉、秋叶包、果珍鱼丝、酥皮鸡蛋挞”，侪老有特色个。本帮菜“老人和菜馆”门前总归是轧辣海一泼老吃客，菜馆卖个“醉鸡、糟猪脚”十分受欢迎。记得1958年大力号召为工农服务个辰光，有一趟我中浪向经过高级个“成都饭店”，看见店门口头一块招牌，写辣海供应“阳春面”，也脱小摊头上一样是8分洋钿一碗，我背了书包进去，店里只有我一个人，我感到有点别扭，但是当我看到服务员端来一碗表面拉得十分齐整、油水老足个阳春细面辰光，便相当感动，搿个是我吃过个最鲜美个难忘个一碗阳春面。

最好吃个面好数雁荡路个“味香斋”小面店，搿搭是我最欢喜去吃汤面个地方，勿但有各种鲜美个“过桥”，连一碗最普通个“麻酱拌面”都做得特别鲜。而且可以应食客个要求脱侬下紧汤、宽汤、烂一点、硬一点、勿硬勿软咾啥个面条，我一看墙头浪向搿一张说明，方才晓得一碗介便宜个汤面，居然还有搿能多样花头劲吃法，小小个一家门面个面店竟可经营得搿能介别有洞天，温馨异常。搿搭就是辣50年代初仍旧挂牌“西泠餐馆”个原来门面，伊个辰光辣马路对面还有一家同名个餐馆，是40年代传下来个，虽然是一家小小个面店，传统还是由搿搭个老师傅长久传承辣海。

传统糕点，侪带点海派风味。辣成都南路口西面个淮海路上，有一家“光明邨大酒店”，做个“烧卖”咾啥糕点面食邪气精致，还可以外卖。“沧浪亭点心店”个“咸菜竹笋面、柠檬素油年糕、百果松糕”，“高桥食品厂”个“高桥细沙千层糕、薄脆饼、高桥豆沙月饼”，“四如春点心店”里个“汤团、蒸拌面”，长春（原名“红旗”）食品店个“鲜肉月饼”咾啥，侪是各有特色个小吃。正宗老店“野荸荠”是一家精致个综合食品店，门口外面卖各种可口个冰冻汽水、冰砖、雪糕脱冰淇淋，我曾经只用一元洋钿买到过一位老师傅当场制作个火腿片，把金华火腿很快披成极薄个肉片，再连搭起来形成一张八开大小像纸头一样薄个肉片，师傅个熟练刀功绝技，令人赞叹。思南路口有一家“天山回民食品商店”，专卖伊拉厂生产个“话梅糖”，是我最欢喜吃个一种糖，从试销开始一直到今朝，糖纸头浪个图案一直呒没啥变过，我还收藏辣海印有“试销品”三个小字个话梅糖糖纸头。

老值得一提个，是辣雁荡路口个“培丽土产公司”，后来改名为“全国土特产食品商店”，集中了南北货之精华，无论是各种酱菜脱仔调味品，还是交关干货，侪长期受大众欢迎。辩家综合性土特产商店脱近思南路个长春食品商店、辣陕西南路口个第二食品商店（原称“万兴食品”），是淮海路南面路浪鼎立三处个最有权威性个综合食品店。辣思南路对面，还有一家“庆丰熟食店”，专营当日熟食，红肠、叉烧、方腿、酱鸭、白斩鸡、牛肉、酱猪肉、素鸡，还有猪油渣，侪称一流，近远闻名。

顶令我遗憾个是，因为离家忒远，我竟呒没去过高雅又大众化个“天鹅阁西菜社”。

上海历史悠久个商店开辣淮海路浪个，有“金龙绸布、大方绸缎、伟多利食品、老大昌食品、老胡开文笔庄、茂昌眼镜、小吕宋帽店、西门子钟表店、长春花店”咾啥，侪是从解放前一直开到五六十年代，有个延续到80年代，店名保持勿变，开设地点也呒没移动过。淡水路附近个“老胡开文”，专卖纸墨笔砚，尤其是小楷毛笔，堪称一流，我是用这家小店个毛笔长大个。“西门子钟表店”里，我买过质量最好个上海牌手表，也改装修理过别个手表。还有一家辣陕西南路个唱片店，在50年代还辣卖交关外国唱片，当时辣上海作兴是独家了。

重庆路口个“旧货商店”，最令人难忘。一头面对重庆南路，一头从长乐路开门，商店四周围面积邪气大。各种旧货侪有，多数采取寄售收佣金方式。大量当年勿流行个解放前个物资，从一些破落门户流散出来，其中勿少精品，辗转他人。从整套红木家具到古瓷器名书画，猎枪，名牌舶来品，衣裳，脚踏车，文化办公用品咾啥，五花八门，长年周转迅速。卖买之间，有说勿尽个心酸，也有淘来勿易个喜悦。有个物事，辣外面市面浪已经难以寻觅，有货者赶快拿去寄卖，急需者辣搿搭买到八成新个旧货，倒也得来全勿费工夫。会淘物事个老懂经，乐疲于此，会发现交关新鲜个旧货。就是进店看看，也会长知识，了解不少掌故脱仔背后个人情沧桑。

现今还辣海个上海妇女用品商店，成立于1956年2月，记得之前搿块地方原来就开辣多家解放前延续下来个时尚服装店。我1956年考进中学以后一直对搿家当时还呒没打通但连成一条个大商店感兴趣，但是因为是男小囡，进门有眼难为情，但是后来辣商店转向雁荡路个搿个门口看到挂辣海一大片个“花绢头”，各种花样实在忒赞，一角六分一条，差勿多每日天侪会有变化，轧满人辣选择，乃末我终于熬勿牢进门细细欣赏。公私合营前后个手帕厂，集中了一批手帕图案个设计师，设计出各种风格个、描绘水准极高个“花绢头”，一批又一批，图案层出勿穷，有国画式个，有西洋油画、水彩画式个，有抽象画个，也有实物写真个；有花鸟，有山水，有静物，有人物，有模仿个西洋画，有各种动物卡通……每条手帕，就是一幅佳画。花绢头柜台前头，成了50年代个时代绘画风格个展览场地，曾经使得多少女青年陶醉过。搿一波手帕艺术个高峰到60年代中期就衰落了。

新华书店、上海旧书店脱瑞金一路转弯角浪个“泰山文具店”，是我六年当中去得最多个地方。在思南路的斜对面,有“上海报刊门市部”,一出新期刊新报纸,里向侪好买着。《电影故事》、《上影画报》邪气抢手,《人民文学》、《诗刊》、《文学遗产》咾啥,甚至受众老少个《数学通报》、《中国语文》专业期刊,搿搭侪卖。搿个脱现在文化告专业期刊买勿到零售个情形有老大个勿同,搿个也反映出当年群众当中文化普及个生气告活力。小书店也多,50 年代在淮海路口个重庆南路头上,还开辣海大众、东新两家小书店。

照相馆也脱阿拉学生顶相关,因为阿拉小学报名到报考大学,一直要拍报名照咾啥,侪想寻一家好个照相馆拍得好一点,黄陂南路对面个“蝶来”、重庆中路边个“青鸟”(后称“万象”)侪是老牌著名相馆,阿拉还常常去欣赏搿些照相馆勿断变换个橱窗,里向摆辣海电影明星脱仔其他勿知名个美女倩影。

淮海电影院附近还有一家“新光光学仪器商店”,辣 50 年代辰光,看进去有眼神秘兮兮,外面橱窗告里向柜台里侪摆辣勿少仪器,一副知识型个面孔。后来辣 70 年代以后,就变得邪气亲近起来,当时为了节省照片洗印费,盛行自家辣屋里向冲印照片,辣自家制作个扩印机里放印照片,所用个洗印液、定影液,照相纸,侪是到新光里去零拷拆买个。辣马路对过,有一家“海影摄影社”,是老底子开辣新城隍庙个“良友照相馆”搬过来个,专门冲印 120 和 135 个黑白照片。当时用名气老响个上海自制个“海鸥 58 Ⅱ 型”照相机,拍摄个 135 软片照片实在忒小,要放大又呒没介多钞票,所以辣屋里向珍藏个过去个照相簿浪,家家人家侪贴辣交关 3.5 cm×2 cm 个小照片。

“上海床上用品公司”个“羽绒被”脱仔各色美丽大方花样个床罩,“益民百货公司”个“培斯塔衬衫”,“开瑞服装店”个各种台型个“茄克衫”,“香港童装店”个“贴花镶式男童装”、“拼花马甲套装”,侪是特色独具个名牌,“康歌电器公司”里五六十年代我常去买78转告33转个“中国唱片”,当时侪可以试听。80年代我去买立体声唱片、录音机告磁带,买长风牌“带唱机的晶体管收音机”。

还有一点老牌个商店,记得个有“中华烟行”、“正章实业总公司”、“徐重道国药行”、“古今奶罩公司”、“益大中老年服装商店”;理发美容方面,有著名个“紫罗兰美发厅”、“红玫瑰美发厅”、“白玉兰美容院”,交关小资打扮,从头而起。印象当中瑞金路以西个淮海路,更加洋派一些,辣闭塞个年代还能见到一些西洋个餐具告工艺品。

淮海路个多样化,还表现辣有交关公寓或者弄堂个出口处,一些小摊开辣海,有个只有一个营业者,或帮人织补,或卖便宜打折个衣裤裙子,或卖些蛮有特色个、日常需用个小商品,十分方便住民。有个弄堂门口,还开辣小吃点心排档,像和合坊弄堂口个“生煎馒头”、“咖喱线粉汤”,有口皆碑。淮海路浪也有卖低档货个店,像黄陂路口有一家“宝康”,80年代卖零头布、花边、纽子,卖低档衣裤咾啥家常实用品,葛咾搿爿是交关人老欢喜进出个商店,有一趟我专门去搿家店买做枕芯用个碎塑料海绵。

昔日个淮海路,是人民大众购物游逛个好天地,有人脉,接地气。

淮海路个真正大改造是搿个一趟,如今个淮海路已经面目全非,

80年代后期去国外个上海人回到上海再游淮海路，夸张点讲：除了法国梧桐之外，阿拉已经勿认得了。

［注解］

挨次挨序 'acyaxhu：挨着次序。 熬勿牢 ngaofheklao 不禁。 馋唾水溚溚滴 shetusy dadadi：口水直流。 荡马路 dang molu：逛街。 闹猛 naoman：热闹。 学堂 hhokdhang：学校。 囡儿 noen：女儿。 兜一圈 'douyikquoe：转一来回。 顶 din：最。 玻璃纸 'bulizy：透明塑料薄纸。 有意 'youyi：故意。 轧辣海 ghaklakhe：挤着。 中浪向 'zonglangxian：中午。 洋钿 yhangdhi：钱。 蔽 'pi：用刀平切平割。 懂经 dongjin：识货，资格老。 小囡 xiaonoe：孩子。 嬔 ze：美，好。 摆 ba：放。 软片 nuoepi：胶卷。 台型 dheyhin：时髦，样子气派好。

上海旧书店

回忆我少年青年搿段时期辰光个生活，最难忘记个经历，就是到上海旧书店里去看书得仔淘书。

五六十年代（到“文革”开始搿年为止）个上海旧书店，真是一个开放个知识大宝库。当时国营个“上海旧书店”，有福州路、淮海路、四川路三大家。我辣1956年考进向明中学之后，每日放学回屋里，要走从瑞金一路到重庆南路一段个淮海中路，勿是去思南路附近个淮海中路新华书店，就是去成都南路附近个上海旧书店，假使辰光空一点个话，会两个书店侪去老长辰光登辣海。新华书店是勿开架个，而旧书店是差勿多完全对顾客开架，所以可以一本一本抽下来翻看，搿能有常时一登就可以登一两个钟头辣海，看到夜幕降临，再匆匆赶回到屋里去。

搿个辰光个旧书店铺面，老大老进深，里向还有好几个曲折转角个地方，登辣里向交关安静适意。每类图书分列齐整，重要个旧书还摆辣大台面浪陈列辣海，一本本看过去邪气方便。我个交关知识底子，实际浪侪是辣旧书店打下来个。当时我对几类书特别感兴趣，常常一头埋辣里向久久转勿过神来。一类是文学书，特别是古典文学通俗读本，一类是气象、天文、地理类书，一类是生理卫生、动植物方面个书。碰着当时新出来个推行文字改革、拼音字母搿点书也要去买。当时个旧书店，实际还辣辣传承解放前个多元博采传统，除了新中国出版个书变成旧书有卖以外，有些三四十年代出版个书可以卖个也辣卖。譬如解放前出个一些医书写得交关详细，我个生理、疾病得仔青春期有关知识交关侪是从搿里向得到个。搿个辰光个旧书有一个老好个周转链，收卖侪有合理个价格。因为老百姓生活水准普遍低，旧书收得仔卖个价钿侪经过仔细斟酌。发行勿久个好书，譬如一本《宋词选》，原价卖 1 元 3 角，旧书卖 1 元；《近三百年名家词选》原价卖 8 角，旧书卖 6 角 5 分；又譬如《古文观止》因为解放前头出过老多版本，旧版本就有只卖到 8 角一部个。有眼私人出版社辣 50 年代初出版个书，到 1957 年以后侪降价卖得老便宜，像中州路人世间出版社个一本《人体生理图解》，只卖 4 角；大中国图书局出版个一个《草本花卉栽培》硬纸转盘特价 2 角，到现在我还收藏辣海，常常拿出来翻翻，当年个记忆会连带辣海闪现，所以舍勿得掼脱。交关新书或者旧书，看完可以拿到瑞金路附近个旧书回收处估价，卖得个钞票再去买自家看中个旧书，我得仔交关人就是搿能周转看旧书个，因为搿个辰光普通百姓要买书是呒没几化钞票可以投入个，我常常拿姆妈拨我乘电车上学一日天个零用钿 6 分，积个好几日，就去买一本对伊已经光顾了一趟又一趟、常怕拨别人买得去个书。还有譬如讲屋里向原来有一本 30

年代出个《儒林外史》,排版咾啥反而呒没50年代人民文学出版社个《儒林外史》好,乃末拿去卖脱,调回50年代版个旧书后,余下来个钞票,还好多买两本旧书。两个收旧书个人是老懂行个,估价公道,有勿少经济发生困难个人,也乐于拿屋里原来勿用个藏书或者杂志拿去卖脱,所以旧书店啥个书侪有,经营得邪气活,好书频频露面,进书店去的个人流也老踊跃个,旧书店成了汇聚各类新旧知识个宝地,每趟淘到好书,称心如意,心中无限欣喜。

卖得贵个书也是有个,譬如收旧书地方个对外橱窗里,一直摆辣一套十本30年代良友出版个《中国新文学大系》,因为是难得个左翼文学大集,标价100元,辣辩个辰光,看了有点令人咋舌。我屋里原来传下来个,只有其中个六本,我就一直拿伊当宝贝,乃末一本一本认真读,读出了对现代文学个兴趣。1962年我进大学,每周回家,总归要去福州路个上海旧书店去看看。辩个辰光书店设立了一个急需书登记处,我去登记了一本《大系》个"散文二集",一周后通知就到我家,7元一本,我只好到中央商场去卖脱几张屋里传下来个大中华老唱片,方才凑得够钞票买下来辩本书。收购唱片个店员还认真个问了我一句:依真愿意拿辩几张老唱片卖脱哦?我勿拿几张我勿欢喜听个老唱片卖脱,哪能买得起我心仪个新唱片?辣辩搭也有便宜点个、人家听后卖脱个新唱片。

至于到福州路旧书店告南京路个朵云轩,是我读高三个辰光已经开始,抽礼拜日常常去个,有辰光还要等开门,买每天新拿出来个好书。上海除脱辩三家大型旧书店之外,小个书店遍布热闹地区,尤其辣解放后不久，我屋里附近就有好几家书店、书局，侪是私营个，原来个惯性继续辣海，也兼卖新书告旧书，有个还卖点文具。各种书店卖自家特色得仔其他书店出版个书，多种多样，邪气会做生意。1956 年公私合营之后大部分关闭，但是还有一点书铺仍然开辣海，辣搿搭我买到过一点老有特色个书籍得仔清朝民国辰光出版个好书，交关是打折头个，价钱更加便宜。直到 60 年代初，还有一点私人开个小书店，伊拉兼向平民收购旧书古书，随收随卖，里向往往可以买着店主老便宜收到个书，像我买过一部线装书《纲鉴易知录》12 本，只卖 2 元；一部小字线装书《史记》，有两块木板夹辣海，只卖 8 角钱。我买搿部《纲鉴易知录》，还有搿能介一个经历：1962 年临近高考，我想报考复旦大学中文系，听讲埃面古典文学教授顶多，我怕古文程度搭勿够，看见一张广告贴辣海，万宜坊有私家可补习《古文观止》，一个短期 10 趟收 4 元，我就去搿家人家门口张了一张，正好拨埃位老先生看见，我讲我只有 2 元，伊讲看到侬身浪向打补丁辣海，就侬侬两元好了，跟辣两个上海中学个学生一道学哦！辣读书当中，我倒学到了一眼学校里学勿到个物事，像挨腔拖调个朗读古文个方法。老师还常拿出一部《纲鉴易知录》，翻到某页，脱阿拉读讲某篇古文个时代背景，有常时阿拉也加读一段《纲鉴》。两趟一来，我就老欢喜搿部书。但是，勿多几时，我居然辣附近长城电影院对面个一家旧书铺里见到了搿部书，看到每本上面个“卷一”、“卷二”字样，就是搿位教书先生写个笔迹。我万分感叹，马上买下搿部书，就打算考完大学认真读。辣搿个所谓“三年自然灾害”个岁月里，有交关人生活是搿能艰难，连藏书也朝勿保夕。后来我考进复旦，我父亲辣复兴公园个座椅浪交谈个朋友当中，居然就有搿位老学者，父亲讲到自家儿子考取了复旦中文系，搿位老先生问了名字后，对我父亲讲：侬个儿子到我屋里来补过古文。老先生听到伊曾经教授过个学生考取了复旦邪气高兴，我父亲晓得了我瞒了伊用两元洋钿去学古文，当然也高兴。辣搿个一年，大学因逢困难时期招生特别少，重点中学向明只有百分之二十几个录取率。我父亲穷极无聊，老希望我直接寻工作来养家，但是因为我考取了复旦，伊也终于放弃了坚持要我去做工个打算，让我读书去。

直到1963、1964年，上海个旧书店还有勿少。譬如辣复兴中路长城电影院个附近，就有三四家小型旧书铺，还有一家是专卖旧杂志个。我常庄去看看，假使看了好电影后，就去买一本有关个旧《电影故事》或者《上影画报》，1963年我还买一本看一本，一共拢总买了一年个1962年编得老好个《上海文学》。

我大学毕业辰光，正值"文革"高潮期，旧书新书侪呒没买了，"上海旧书店"也因"破四旧"永远破掉了一个"旧"字，成了"上海书店"，当时里向尽卖毛选、语录咾啥。从此以后，上海个旧书业便一蹶勿振，已经断了链。其中一个原因，上海介许多人家里个介许多书侪辣"文革"中侪失去了。

顶特殊个一段辰光可以讲是"文革"中个70年代，有几年，像"评法批儒"个辰光，福州路"上海书店"开出一个老小个窗口，凭单位证明可以买极小部分个旧书，以助"大批判"，搿个辰光个旧书竟便宜邪气，像一部《十八家诗抄》，只卖2元。后来勿凭证明了，记得我赶去一看，有对胃口个旧书，买了一部装有8个蓝布书套个蜚英楼石印版线装书《资治通鉴》，附目录共40本，只要16元。当时，一套平装个《资治通鉴》还要32元辣海。我如获至宝，要是现在去买，恐怕一万元还勿止哦。还有中华书局出版个无标点本《东坡七集》，只需8角。1978年我辣上海旧书店买到商务印书馆1937年版郭璞注扬雄著个一部《方言》，只有2角5分。从上海有个书店还流走了一批珍贵个旧书，譬如线装个《落金扇》、《珍珠塔》、《描金凤》咾啥曲艺本，还有方言词典课本，拨一些外国人轻易个买去。还辣改革开放前，日本个学者就已闻声率先来到上海，用一二万日元就好使得有个民间书商到江南农村去收搿些古书，买去好多部。90年代我辣日本拜访有个学者，伊拉曾出示拨我看，大都是搿个辰光到上海来买着个。现在行情哪能呢？到上海有个地方去买有点价值个旧书，其贵异常，如辣80年代我曾见到"上海书店"楼上有一整部个原版《礼拜六》杂志，扎紧比我人还高，卖一千三百元，现在有个地方买其中一本，搿个价钿还勿止。搿个像卖旧书哦？

[注解]

有常时 yhoushanshy：有时候。 摆 ba：放。 价钿 gadhi：价钱。 掼脱 ghuetek：丢掉。 几化 jiho：多少。 常怕 shangpo：生怕。 总归 zonggue：总是。 顶 din：最。 挨腔拖调 'aqian tu dhiao：有腔有调。 洋钿 yhandhi：钱。 介许多 'gaxudu：那么多。 来三 lese：行。

泰山文具店

辣淮海中路瑞金一路个转弯角子浪，50 年代开始有一家“泰山文具店”，我个青少年岁月，脱搿家文具店结下了勿解之缘。

我是 1956 年夏考取了辣瑞金一路浪向个向明中学个。搿年开学，我姆妈陪我去报到，第一趟走进了搿家气派相当大个文具店里，买了一枝永生牌钢笔脱一本学生日记簿，还选了一只可以摆学生证、内附几张通讯录纸头个皮夹子，从此就开始了我个中学生涯。

后来我学校里需要用个练习簿、拍纸簿、日记簿、工作簿侪一概是辣搿家文具店买了，数学浪用个圆规三角尺量角器计算尺，化学个量杯元素周期表啥啥，侪到泰山买。因为我欢喜写毛笔字告画图，所以大中小楷毛笔、画笔、马利牌水彩颜料、米老鼠蜡笔、炭条、彩色粉笔，从读中学起侪辣搿搭买。搿家文具店还辣右面专设一个纸张部，白报纸、铅画纸、牛皮张、蜡光纸、皱纸、彩色纸、红纸头、硬柏纸、蜡纸啥啥，我统统侪辣搿里买，而且从此见识了介许多种类个纸张，辣试用当中，扩大了我勿少个兴趣，像用红纸头写起对联来，用硬柏纸做活动日历纸板，用彩色纸布置节日房间等。1958年初，我班办起了《班级周报》，所需用个大白报纸、稿笺纸脱各种彩色美工材料侪是辣搿里买齐个。有常时阿拉写到一半，一种颜料用完，或者红粉笔写光，可以马上奔出校门到泰山去买回来接下去做。

泰山文具店开设辣搿搭，真是合理布局，伊个附近有向明中学、晓光中学等四只中学，还有小学，难怪文具店里一批批学生来来去去，生意交关兴隆。50年代个上海书店、文具店开得老多老大，还有剧场书场电影院工人文化宫老多老闹猛，足见上海文化个繁荣。

跟牢我个读书进程，我常庄去搿家文具店买文具。记得辣1956年我读《自然地理》课辰光，我高高兴兴个买了一只王馀记文具厂出品个鹅牌“指南针”，搿只指南针个质量之高，表面个玻璃、里向个刻度至今明澈像新个一样，每趟我出国或者到港台，我侪带辣海，用了半个多世纪，拨了我极大个方便。1957年辰光，我又辣搿搭买了一只元昌牌368订书机，经常使用，一直用到现在一趟都呒没坏过。由此足见，搿个辰光上海产品石刮挺硬优质之一斑。

辣上课上到“地球运动和地图”辰光，我盯牢了文具店里新到个地球仪，看得勿愿离开，结果对母亲横讲竖讲，硬劲要了钞票来，买了一只当时价格蛮贵个、漂亮个地球仪搬回屋里，开创了我自家买大物事个首次记录。搿个地球仪一直珍藏到80年代因为球面浪向个地图面貌已经大变，勿再适用了再搿脱，不过附带个一本编写得邪气详细个“地球仪说明书”却还保存至今，现在翻开看看，也能见到当年厂家办事作风个认真，汇总知识个扎实。

由于我爱好气象观测，我还辣泰山文具店买了温度计、干湿度计脱最高最低温度计咾啥仪器。

到了国庆节，泰山文具店里一派节日气氛，墙浪挂辣海交关各种花式个两头对挂个彩花纸带，便宜来死，我就去选买了两种挂辣我个房间里，带来了节日个喜庆。辣每年元旦告春节前，店里个一两个显目个柜台里向，摆满了各式个拜年片。当年卖贺年片个地方是老少个，图案告色彩往往老单调，但是泰山文具店个贺年片总归是有点特别，货源多，式样美，图画新型或者精致，除了“恭贺新禧”等祝辞，有个还加上佳句，像“祝新年‘三好’”、“喜上眉梢”、“上林春色”、“把青春献给祖国”；有个图画是用水彩笔手工直接画个，各有勿同，便有选择之趣；有个画国画山水花鸟，也颇有水准。我每年侪会选买既便宜又有意思个拜年片，写好有时代特色个名言，赠送拨知心好友，同时也得到同学个回赠，一年年理好，珍藏辣海。五六十年代，因为贺年片稀少，反而使我珍藏至今。到我初中毕业之时，搿搭还有小型个、里向有各色彩页个“纪念册”，请各位同学好友留言，留言当中留下来个侪是当年社会个气息脱同窗个心声。

我还收集了交关辣泰山文具店买来个书签，长方形个、下方尖角形个，还有圆个，有个周围还绕满彩色丝线，框线里镶嵌了风景照片或者戏剧剧照。还有一些书签浪向侪有画上去个彩色图画。

泰山有辰光还卖上海风景照片，像国际饭店、第一百货商店、中苏友好大厦；还卖过电影歌片，50 年代个电影大多有电影插曲，好听又流行，搿些图片阿拉称之为“歌片”，是照片形式印制个，上面冲印出简谱歌曲个全部脱仔相关电影明星个照片，邪气受学生欢迎。我省下乘电车个零用钱，聚起来就买搿些东东。

1958 年，上海各个工厂侪响应号召，要制造一些创新产品，娱乐文化产品也冒出一点新花样，像新形式个小照相簿、小集邮簿出来了，我也会忍勿牢去买一两样，像买了一本有套子褶子形状个、可正背插入 120 照相个照相簿，集邮本也有袖珍个，便于辣小集邮店内外交换邮票。我还买到一盒包装显眼个“扑克牌”，牌分有黑、红、粉红、草绿四色，大小百搭在当时脱一般个牌面比也显得漂亮有创意，J、Q、K 牌侪印彩色个京剧半身人像，A 牌也有特色，侪是戏剧道具彩色图案，背面是天蓝色个一只蜻蜓，称为“蜻蜓扑克”。搿副扑克牌辣当时真有点“弹眼落睛”，也呒没比一般个牌贵多少。当时大家工资收入侪老低个，我还买得起，而且珍藏至今，我看当今能超出伊水准个海派风格个牌也勿多。

由于欢喜文学，买个书也一点点多起来。我就脱我个书分类编号，就又想着到泰山去买了编号码个红框纸，买了打号码个橡皮章，脱“爱护书本”个橡皮图章，还有英文字母小橡皮图章，辣屋里脱图书编起号码来，包括连环图画，还有唱片。

收集各种花瓣、树叶，做标本，乃末去买来“标本簿”夹进去，跟了同学一道集邮，就去买“集邮簿”……总之，搿个辰光，伴随我长大，觉着文具店里个物事像啥个侪想买回去，就是忒穷呒没钞票；越是缺钞票用，越是眼睛弹辣海，对辣想买个物事，心里痒痒个，久久留恋搿个文具店。

正因为搿个辰光学堂里个功课少，拨拉学生留出来大量课余辰光，我方才有交关余地开发、发展自家个爱好兴趣，搿眼脱我辣辣上课学着个知识一样，对我个一生好像更加有深刻影响。

“文革”个辰光，集邮簿勿准卖了，泰山里向还有大型个集邮簿纸个单页悄悄处理卖出，价钱特别便宜。到“文革”最后几年，还有印彩色图片个小“年历片”卖。进入80年代以后，群众读书补习个热潮来临，泰山文具店迎来了青年买文具个高峰期，常常人头攒动，轧进轧出，店面开得更加大了，搿右面个大片纸张柜台个各个品种也更加丰富。搿个辰光，我虽然勿常去埃面了，偶尔去个辰光时也为店里个兴旺所感动，搿个年头阿拉个经济收入改善了一点，却觉得啥个侪有了，勿急辣需要买啥文具了。有一天，我去买了三本我以前眼热久久而勿能买成功个绸面厚型“集邮册”，分别拿以前搜集辣海个特种邮票、纪念邮票、“文革”邮票，还有解放前个中外邮票依次插进，第一趟全部摆平。

待到我90年代初从日本回来，泰山文具店个地盘，已经变成了一家黄金首饰店。走进去看看，顾客连我辣海只有两个人。

［注解］

转弯角子 zoewegokzy：拐弯角。　有常时 yhoushanshy：有时候。　常庄 shanzang：经常。　石刮挺硬 shakguaktin ngan：非常硬张。　硬劲 nganjin：硬是。　讨 tao：要。　便宜来死 bhinilexi：便宜得很。　弹眼落睛 dhengelokjin：因色彩鲜艳或奇特而眼前一亮、引人注目。　一点点 yikdidi：渐渐。

少年宫，我心中个圣地

我辣读小学个辰光，上海各区个区少年宫侪还呒没成立，小学里要去一趟市里个少年宫，是邪气难得个机会，学堂里老师总归是组织一点平时学习表现比较好个同学去市少年宫活动，像是一种奖励。阿拉小学是四年级建立少年先锋队个，参加少先队后，班主任徐翰芬老师就带阿拉整个学堂里个40个同学，乘仔途经学堂附近“当当当”个5路有轨电车，去中国福利会市少年宫。当时阿拉觉着电车开得老远老远，到目的地，周围已经有点荒野了。下车辰光徐老师拿一叠黄颜色的300元改成3分个电车票送拨了我，我拿伊园了起来，作为第一趟到少年宫去个纪念，居然一直保留到了今朝。

我还查到保存至今个当年个《人民日记》，里向还记辣海搿段第一趟去少年宫个日记：“一九五四年十月二十一日星期四，我们学校里有四十个同学趁着5路电车到底，走了一些路，到了‘少年宫’。少年宫前面是草场，草场上有球类活动。少年厅真想(像)古时候的宫殿，吊灯金扇扇(闪闪)，屋顶墙壁很高。在草场周围，有‘勇敢者的道路’。

另外还有各种室。楼的中央,有一只赠送的毛泽东石胶(膏)像,很高很大。这次我们还和印度代表团连(联)欢,从四时——六时半,我们玩得多么高兴呀!”

从我个日记当中好看出,我第一趟去少年宫,对少年宫搿个大厅印象最深,当年看到少年宫个房子,使我大开眼界。搿个是一座用大理石作为建筑贴面脱装饰个大厦,拨大家称为“大理石大厦”。横里邪气宽大,所以阿拉一到厅前面个草地,整幢房子就镇牢了我幼小个双眼。伊辣延安西路64号,当时马路呒没大幅加宽,所以草地老大个,辣草地浪远望过去看大理石大厦更显壮丽。我后来看到书浪向介绍,伊原来是英籍犹太人嘉道理个寓所,辣1924年建成,大厦正面进口地方仿爱奥尼式券柱廊,过厅侪是柱式个,内部装饰仿照18世纪欧洲皇宫个式样,有廿几间房间,底层大厅层高近20米,可以容纳800人跳舞。穹顶浪向有精美个浮雕,四面墙壁浪有巨型大理石雕刻,顶浪挂辣8盏玻璃珠子吊灯。怪勿得我当年第一趟看见大厅为之惊叹,称伊“古时候的宫殿”了。以后每趟去,侪听到钢琴声、合唱声,每趟去坐辣厅里听报告辰光,侪梦想我今后住个房间最好也要有艺术雕塑个房顶脱仔漂亮个吊灯,从此后我就欢喜买雕塑品、爱上音乐了。搿座房子脱仔我辣搿能介震撼过我个地方参加过个活动,首先是从小培养了我宽大个心胸告高雅个眼光,对我一生辣心胸宽大脱仔眼光高雅搿个两方面种下了根,海派个派头告风情就搿能从小辰光开始感染了我。我真钦佩开国初1953年宋庆龄辣上海十大经典西洋建筑之一个搿座名宅里创办了“中国福利会少年宫”,伊眼光是几化远大。我也庆幸自家能辣少年宫创立一年后就踏进辩座名宅，获得知识告情操浪个培育。少年宫，一直是我心中个圣地。

第一趟到少年宫，虽然是放了学去，只有两个半钟头，也呒没去白相“勇敢者的道路”，主要是去参加接待外宾个，但是已经辣我幼小个心灵里留下来深刻个印象。50 年代辰光政府安排交关外宾参观少年宫，我也去参加辩种接待外宾个活动多趟，得到过波兰代表团送拨我个和平纪念章、日本代表团送个广岛原子弹爆炸 10 周年纪念章哓啥。最盛大个一趟是整队立辣大草坪浪向参加欢迎印度尼西亚总统苏加诺，伊是由刘少奇陪同来少年宫个，辩日天阿拉侪老激动。

辣辣我 1955 年 3 月 11 日个日记里，又记下来了阿拉学堂三个班级选出 15 个同学去少年宫听“故事报告会”个情景：“四时半开始，故事名字叫‘河上的灯火’。五时半听完故事迎接‘英国妇女代表’，七时才出门乘车回校。”还记下来辩年 12 月 9 日脱陈明伍、宋家福、施培培哓 10 个同学辣呒没教师陪同下自家乘车又去了少年宫个情形。辩趟是先自由活动后集体活动。记得辩日天我辣整个大厦里转了一圈，看见交关各国来访团体赠送拨上海小朋友个礼物陈列辣海，最引起我兴趣个是大厅中间有一个老大个陈列台，上面有一部有多节车厢个火车，辣弯曲个轨道浪自动行进，穿山越桥。介巧妙精致个道路设计，介逼真个景物，着实吸引了每个儿童个眼球。辩个也是外宾赠送个礼物。

由于辩趟安排来少年宫老师关照是体现“团结友爱”精神个，包括几个第一趟去个比较顽皮个同学，伊拉倒反而约我去走了一遍“勇敢者的道路”。“勇敢者的道路”巧妙个园辣草地个周围,辣环绕少年宫个围墙边浪。进门以后就呒没退路,一路浪充分考验阿拉少年人个胆量告智慧。像爬竹竿,抓牢绳子朝对岸跃,辣小水池里个石块浪跨越,辣背浪顶了网绳身下也是软绳个老狭个通道里爬行咾啥。最后一个记得是从老高个地方跳下去,再弯过去,就呒没障碍了,总算出了头。我是胆子老小个人,主要原因是体育技巧勿好,但搿个第一趟个穿越总算坚持到了头。几个同学辣我前面已经走得老远了,我想我哪能可以拨第一趟来个同学看笑话呢!有了无形个鞭策,我壮大了胆子,其实人就是欢喜辣排除障碍中朝前,只有勇敢者方才能够感受刺激个快乐……搿种模型小火车,还有“勇敢者的道路”,当今已经呒啥稀奇,交关地方侪能够看到侪可以白相,但是辣当年个环境下意义交关勿一样,有勿少五六十年代个少年辣伊拉后来写个回忆文章里,辣写到伊拉去走“勇敢者的道路”个地方,心情侪仍旧是几化激动!

“团结、紧张、严肃、活泼”是少先队个口号,阿拉当时老相信个个,遵照搿些标准严格要求自家。

搿日天,阿拉还辣摆了各种游戏台个“少年厅”前头个宽阔走廊里白相,打“康乐球”,打“手足球”。“手足球”是老紧张老开心个游戏,我因搿趟白相以后对伊入了迷,所以我辣日记中叫起来:“这次玩得真活泼啊!多么高兴呀!”

还有几趟,阿拉几个学校个少年儿童聚集辣大厅里表演节目,听志愿军、解放军叔叔个报告,会后还请伊拉签字留下地址,回校后又脱伊拉写信。

五年级以后个暑假，我参加了少年宫组织个“联络网”活动，辣七、八两个月里，共总去过少年宫6趟，有去欢迎阿拉伯国际朋友个，有做“抢红旗”军事游戏个，有学唱几只歌曲个，有义务劳动拔草以后辣草地浪做游戏个。最简单个游戏，阿拉辣搿个草地浪学会，是两个人辣背浪向侪别了一张大方块纸，纸头浪向用毛笔写辣海一个大字，面对面个，两个人要想办法看出对方背浪是啥个字，又勿可以拨对方看见自己背浪向个字，两人身体个任何地方勿好碰着对方。报出对方个字个人为赢，对方即淘汰，又要看阿里两个人坚持个辰光最长。当一趟游戏做完，两个原勿相识个人也就成了熟悉个朋友了，互相签名留念。

最有趣味个是，去少年宫个辰光是勿统一通知个，依靠暑期“联络网”活动联系，参加个人侪有下家个地址，有一个负责个队长有大家个住址。少年宫发出“鸡毛信”一封，里向信纸浪侪画辣海“太阳、下雨、花朵、房子、罗马数字、英文字母、记号”咾啥图案，而阿拉侪晓得记熟搿眼“密码”个答案。鸡毛一根，是平信；两根，是加急；假使鸡毛三根，就是紧急信件，收到就要马上传给下面一位同学。有常时信可以从一个学堂传到附近别个学堂个同学手里去。信中写个就是阿里一天啥个辰光去少年宫活动，要带啥个物事。我对搿种东东十分兴奋，一张淡绿颜色个“暑期联络员出入证”编号00458，至今还保留辣海。记得有一趟一根鸡毛个信传来，我也迫勿及待个跑出弄堂传下去，连母亲大声叫我去汏浴我也勿顾了。

最后一趟我带了红领巾去少年宫个辰光，居然是1962年，搿年我进了大学。弄堂里有一个朋友拨了我一张好去少年宫个票子。我又兴奋起来，戴了红领巾，冒充少年，因为我辩个辰光还长得小样，身体也老瘦，所以也混了进去。我是去旧地重游个，看看我小辰光白相过个地方，已经变得哪能样子了，一面走，一面重新想起了小辰光嘻嘻哈哈白相个情景，对少年宫、对少年辰光过个岁月还是介留恋！

近两年，我又常去市少年宫，是做中小幼学生上海话竞赛个评委去个，看看辩点中小学生，是我外孙囡一代了，想想当年来少年宫，也脱伊拉一样兴奋啊！

［注解］

几化 jiho：多么，多少。　关照 'guezao：吩咐。

青山碧水长风情

长风公园,过去名字叫“碧萝湖公园”。辣1958年夏天试行开放辰光,我就脱我弄堂里个道伴一道去白相了,当时阿拉侪叫伊“碧绿湖公园”。

因为上海市区里呒没山,从小阿拉只好拉电影片子里看看山是哪能个样子,葛咾第一趟去有山有水个公园,分外兴奋。阿拉预备好了行装,乘了公共汽车到了中山公园终点站下车,以后个路就靠双脚走了。走过一座苏州河浪个桥,前面个路浪有个是还呒没筑好个马路,有个是泥路,有个地方还要鞋子脱下来赤脚淌过水去。原来搿个地方以前是“老河滩”,地势低洼,所以辣晴朗个夏天,地浪向还有积水。问了几个人,转了几个弯,总算来到了公园门前,一个老粗糙个门,牌子还呒没挂上去,到个辰光已经是中浪十一点钟了。走进门,稍一转弯,阿拉就望见了远处个一座高大个山,因为当时山下头绿树种好勿久,有些地方还是工地,所以山显得老高个。阿拉老快个就跑到山脚下。辣当时搿个山还是一座完全个土山,山石露出老少,只有一条盘山绕圈个路，大概是便于搬运烂泥个手推车上山个。眼望过去，山路两旁边自下而上只种一种花——太阳花，辣光灿灿个阳光照耀下头，盛开了各色个小花，太阳花小是小，不过神采奕奕，随风摇曳。我顿时爱上了搿种五彩斑斓、朝气蓬勃个太阳花，但是由于我个屋里天井阴暗，勿适宜种搿个花。直到我搬场搬到可以搭室外花架个朝南高层，当年少年个情结仍辣心头，我便每年辣窗台外种上可爱个太阳花，还写过赞扬伊个一首小词："长相思　太阳花　色飞扬，态飞扬，面对阳光一片芳，天天新换妆。快意长，惜意长，岁岁夏时缀满窗，无她便寂凉。"（调寄"长相思"）

爬到山顶，朝下看时，涌入眼帘个是，一大片碧绿个湖水，小船悠悠，笑声朗朗，我看得心旷神怡，激情怒放。阿拉望到了一个湖边个船码头，就豪燥下山。

阿拉是带了铝饭盒脱一小瓶个水来公园个。辣座椅浪匆匆吃了冷饭以后，阿拉就去排队买划船票了。当年上海人划船还正值起始，所以比较新奇，搿个是我第一趟辣介大个湖泊里向划船，所以也就感到特别新鲜有趣。小船是木制个，前排告后排侪可以坐两个人，各人是用木桨划水个。第一趟上船，不但有点吓咾咾，而且还要学会齐力划水，哪能控制直行或者转弯，哪能豪燥让过别人划来个船免得相撞，哪能过桥洞，哪能急转弯，结果侪辣搿日学会了。一面划船还勿老鬼，一面还要嬉水，本来汗水已经拿汗衫浸湿，又拿湖水泼了满身。搿个辰光个湖岸还是比较荒野个，意趣也就更加浓。待到刚刚学得入港嬉得兴致正浓，辰光到了，并未尽兴。尽管还可以再买票白相，但是阿拉搿个辰光家家侪经济拮据，只好歇手上岸。

后来阿拉听讲搿个公园是区人民委员会发动干部、群众一共27万人次义务劳动，因低挖湖，就高叠山，用两年多辰光建成个。公园1959年国庆正式开放辰光命名为“长风公园”，取“愿乘长风破万里浪”之意。园里向个山湖造景，借鉴了北京颐和园个园林风格，湖边个亭榭院景，模拟了苏州、杭州江南园林个特色。

以后又有好几趟结伴到长风公园游玩，每趟侪是兴致勃勃，登山游湖划船。环绕湖边一圈，眼看树木草地越来越繁茂，山浪向也层林叠翠，湖里个飞虹桥、绿荫桥、枕流桥、清枫桥，各具神态，辣绿树相拥之间。湖面烟波影影绰绰，尤宜于细雨绵绵里观景；或者当夕阳西下辰光，白杨树叶金光闪烁，摇摇曳曳，湖水散光点点，闪闪烁烁，极其艳丽，邪气柔媚。此时此刻，特别有身置杭州西湖个感受，搿个是上海最具自然山水风貌个公园。有段辰光，连上海“人民公园”也学起长风个样，辣公园里堆起一座城中高山，后来老可惜个是为了建造市政府个国庆观礼楼而又拆脱了。

辣学生时代，高中二年级夏天，阿拉组织了一次班级活动，我又来到长风公园。

阿拉搿趟活动，组织得特别精心。搿日早晨，阿拉分几路出发，出发辰光大家对目的地是勿晓得个。一共分几路，每一路浪侪预先设置了路标，拿物理、数学、语文个交关题目编辣路标里，辣题目里指明方向告小目标，解出一道，前进一段路，最后看阿里一队先到达公园门口。大家辣未进公园辰光已经白相得够有劲。进了公园，阿拉辣草地浪打牌休息。吃中饭辰光，阿拉各人拿自家精心做好个点心或饭菜，一道集中起来，接下来摸彩按编号领取，各人吃到个是别人带来个午饭，每份侪附有带来人个姓名。我拿到个一份，是一个脱我常常闹别扭个同学带来个点心，伊母亲脱伊制作得老精致，我老高兴个，伊也老高兴，对我讲，侬欢喜吃个言话以后到我屋里来吃。中饭后，大家休息休息，做了一个简单个游戏。搿个游戏是：每人各辣第一张纸头浪写自家个名字，辣第二张纸头浪随便写一个辣辣啥个地方，第三张纸头浪随便写做啥个事体，侪折好按类摆成三堆。乃末每个人去三堆纸里各拿一张，高声读出来。由于各人拿着个纸头是随机个，读出来个言话连上去千奇百怪，引得大家哈哈大笑。记得一个女同学读到我个名字，接着是"在19世纪个巴黎"、"跳芭蕾舞"，大家听得大笑起来。比我名字下个内容更加好笑个搭配还有交关。大家笑过20分钟以后，一道来到一个大草坪。草坪上朝南，有一个钢铁工人个雄壮塑像，一手擎天，脚下一桶钢水流下，十分豪迈，大家就辣搿搭一道拍了张集体照，搿张120胶卷集体照留下来阿拉年轻个身影，交关同学一直珍藏至今。照相机是借来个，搿辰光阿拉老少照相，少了方才显得珍贵。

长风公园已经长得像青年一样丰满。26米高个"铁臂山"辣绿树环抱中耸立，山下头有几条石阶可以辗转涉级而上，半山腰有漂亮个太湖石叠景，还有凉亭，山麓广植翠竹苍松。湖畔桥侧，也有造型优美、供人休憩个亭、榭、廊，古朴轻盈，湖心岛浪青枫奕奕。下半日阿拉辣湖边个垂柳下摄影，辣可载六人个大船中划船，你追我赶，撞头调尾。阿拉个船辣当时命名"大渡桥"个三个桥洞里同时穿过，以至比勿出阿里条船是第一。

正兴高采烈沉浸辣满怀欢笑之际,辣陌生头搿位脱我经常对立个同学大叫一声,伊个一根船桨辣撑船辰光勿见脱了。乃末阿拉个船由我做主停止游玩,开始帮助伊辣湖里向寻船桨。等到我辣某处湖边望到水草丛中好像有一支船桨,而且想尽办法冒了危险拿搿根木桨弄到手,划船限定个辰光已经超过,湖面大,到码头慢,伊怀了罚款个决心划到船码头。我讲主要是因为阿拉辣寻找船桨,所以迟到了。搿个码头管理员看看阿拉苦恼个面孔反而笑了,伊宽怀个讲:勿罚侬了!接下来伊又拿我同学个搿只船掀起来,辣船底真正寻着了阿拉勿见脱个搿支桨!

夕阳倒映辣湖里,晚霞染红了半边天,几化美个天地啊,阿拉辣享受大自然个恩赐!从搿天以后,我脱搿位同学侪忘记了陈事宿怨,成了一对知心好朋友,直到今朝。

[注解]

葛咾 geklao:所以。 搬场 boeshan:搬家。 豪燥 hhaosao:赶忙。 吓咾咾 haklaolao:怕怕的。 老鬼 laoju:资格老,经验丰富。 吃中饭 qikzongfhe:吃午饭。 勿见脱 vekjitek:失去。 几化 jiho:多。

吃零食

小辰光，姆妈勿许我吃零食，讲啥吃仔零食，夜饭要吃勿落个。一进小学，我就开始吃零食了，因为阿拉小学个门口，有一个老太，摆了一只小摊头，总归是围辣海交关上学放学个小囡。摊头是摆辣一部可推车浪向，高度正正好，上面不但有弹子、香烟牌子、斗兽棋、谜语小书、拿摩温（蝌蚪）、蚕宝宝，还有零食卖，像盐金花菜、咸萝卜咾啥，伊用筷搛出一只脆梅，摆进盛甘草粉个碗里向滚一滚，特别诱人。辩辰光我就跟辣别个学生个后头，馋得非得要吃，乃末竟一发勿可收了，啥个话梅、杏梅、陈皮梅，一样一样吃过去。其实，我屋里后门前门个弄堂口，侪开烟纸店，也有零食卖。烟纸店是专卖日用杂物个，告现在个便利店最大个勿同就是，便利店个卖价比一般购物店食品店贵，而烟纸店个物事卖价比辩眼店低。虽然买零食个钞票并勿算贵，但是五六十年代时大家个生活水平低，所以难板买一小包零食吃起来就觉着吃得特别鲜。

辩个辰光个零食侪散装辣三角包里卖个。“咸支卜”、“甜支卜”，一种是加盐比较多个干制胡萝卜，一种是加了一些糖个干制胡萝卜，不过当时个咸支卜、甜支卜勿像现在搿能又粗又乱，而是切分得细细个，细条就显得精致一点，味道也更加好，虽然是一点点，但是是零食中顶便宜个，两分或三分洋钿一包，就是最弱势个穷人小囡也能够有辰光买个一包来解解馋，吃个一个下半日。到现在我还要去买好一点个“多味支卜”来吃吃，仍旧觉得别有风味。要买最细小便宜个零食，便是做成比“仁丹”大一点个一粒粒“盐金枣”了，一分洋钿也可买一包。50年代个小囡零用钿是老少个，交关学生个零食也只能经常维持低水平。不过即使搿能介个买卖，也是认认真真个，营业者侪有包“三角包”个水平，从一个大包袋里用小铲抄出一点，摆到摊辣磅秤浪个纸头浪仔细称，再就添一点或者铲脱一点。有种伙计一铲子下去，份量十分准足，一掼到纸头浪，秤杆就翘起，而且正好稳稳持平，用勿着拿零食退进取出，搿个就是伊拉长年累月练出来个本事，对搿能点小生意就介熟练认真。搿个三角包包起来也又快又有水平，合口脱当中一个凹形老规正个，散勿开，包得好个，侪老紧个，经得起掼。“无他，惟手熟尔。”而我买到以后，要顺势打开，纸头方才勿破，吃了几根，再要包起来，就哪能也包勿好了，总归松来死个，摆辣袋袋里，走几步路里向个零食侪落到袋袋里去了。我搿个辰光想，我个手搿能笨，今后我是勿合适做手工生活个。

中小学时代，是最喜欢吃零食个辰光。我姆妈常买“敲瘪橄榄、卫生橄榄”拨我吃，伊说“橄榄”是个好物事，尤其是勿加工个“檀香橄榄”，好清火个，伤风喉咙痛了，伊就叫我去买一分一只个咸橄榄吃。

有一段辰光，直到70年代“卫生橄榄”个制作越来越讲究，紧密又酸甜，过年阿拉常常当精品之一招待客人。而我自家个口味是最欢喜吃偏酸个零食，像奶油话梅、酱汁话李、奶油桃板、甘草山楂咾啥。陈皮梅忒甜，陈皮只有一种苏州采芝斋产个九制陈皮特别合我个胃口，50年代个芒果侪是切成两片制作个带核个，往往断货，一旦有卖，我还是拿伊当作最好个蜜饯去买个。当时中小学生爱吃零食之风势勿可挡，有个人辣上课吃，拨拉老师叫起来制止，有个女同学拨老师叫到讲堂前进行提问，老师一翻开伊个学生手册要记分，一张漂亮个“糖纸头”便飘落到地浪向，大家就嘻嘻笑起来。

还有一类果实类个零食，像小蒲桃、瓜子、豆。西瓜子，奶油瓜子太硬勿容易咬开，酱油瓜子味道最好。改革开放初大家抢买“傻子瓜子”，伊调味较浓，也容易咬开，老多人闻名而去买，也热过一阵。现在勿大见酱油瓜子了，可能是酱油瓜子以咸鲜取胜，不加糖而容易坏个缘故。现在零食供应过甚，里向勿多摆点高分子个砂糖用以杀菌防腐，因勿加防腐剂摆勿长辰光。所以当今个勿少零食侪是甜得过分，原来个好味道侪拨砂糖告添加剂破坏了，也使得怕生糖尿病个人侪勿敢吃，像连上海人老欢喜吃个小蒲桃肉侪弄得老甜，零食就变得交关难吃了。

城隍庙个五香豆辣70年代长期保持五角二分一斤，但六七十年代邪气难买着，一卖就老快抢购完。现在只有城隍庙五香豆店脱伊拉连锁发卖个商店里买个正宗，另外一眼地方出产个五香豆侪老大兴个，可见好牌子要保持优势是勿容易个，除脱老牌子，还要真家伙。又像天山回民食品厂,后来并到冠生园,生产个“奶油话梅糖”,不但糖纸头一直保持原样,糖个质量长期保持不变,因而至今屹立于少数名优产品之列,有一点厂家也来制作话梅糖,但比起天山个“奶油话梅糖”味道来,实在差得忒远。

说到糖果,是当年阿拉最甜蜜个回忆了。假使讲,上海汇集了江南脱其他地区经典个多彩个蜜饯、干果类零食个话,葛末,糖果最早是西方舶来品了。老上海有糖担子串街走巷,卖个多是土制个饧糖、麦芽糖之类。

50—80年代个糖果,是阿拉最心仪个零食了。尤其是搿个五六十年代,一方面糖个品种形形色色,甜味各有特色,另外一方面由于家庭经济水平普遍低,辣过节辰光,称一斤糖是送小囡最好个礼物了。外加包糖个“糖纸头”又是引人入胜,交关学生个艺术细胞侪是先从糖纸头浪开发出来个。葛咾,搿个辰光学生当中收集糖纸头成风。最早母亲给我吃的当然是“棒头糖”。平时小学生最常吃个是小糖,粽子糖啊、弹子糖啊、乌龟糖啊、拌沙糖啊,侪是“赤膊”糖,呒没糖纸头包,但是便宜,辣弄堂门口就可买着。有包糖纸个最便宜个“天明”或者“马宝山”各色“水果糖”,也只需一分洋钿一粒。有名气个“奶油咸味糖”也是一角10粒。当时到年底,家家食品商店侪会推出最受欢迎个“什锦糖”,一元二角八分一斤,长期维持此价勿涨。什锦糖除了各种糖味杂陈,还可收集到勿少漂亮个糖纸头。除了什锦糖果是散放个以取五光十色以外,食品店里每个玻璃瓶里侪摆一种糖,一粒粒安排得细心齐整,足见伊个时代个认真。糖果里向,多数是奶糖,相当受人欢迎,有一种长圆形个红纸包裹个“米老鼠奶糖”，长销勿衰，后来名声顶响个，是现在远销各地个名牌产品“大白兔奶糖”。

一讲到水果糖、奶糖、太妃、牛轧……阿拉个精神顿觉豁然开朗，阿拉个童年，是五花八门个糖个世界，现在回想起来，就是顶“甜蜜”个回忆了！

[注解]

吃勿落 qikfheklok：吃不下。 难板 nebe：偶尔。

荡马路

上海人欢喜荡马路。因为上海交关马路浪吸引人个商店开得一家紧挨一家，接连勿断；因为从上海个弄堂一走出来就是马路，出脚邪气便当；因为马路浪向各种衣着、姿态个人，新鲜、时尚个物事，勿断变换，吸引眼球；因为马路是心情放松、游乐休闲、时尚领略、新潮追逐、知识增长、靓物发现、看到仔就可马上自由购物、坐下来就好吃喝歇息个好地方；观看来来往往个各色人群，欣赏千变万化个街景，了解降价促销个商品，甚至体验高科技带来个新鲜场面，即时即地会得到意外快意，搿些侪是荡马路个收获。所以，欢喜多元博采、热爱五彩缤纷、享受多样性生活乐趣、崇尚发散性思维、热衷发现新生事物、捕捉开心一瞬间个人，特别欢喜荡马路。

荡马路可以是随心所欲，漫无目的。有辰光我走出门去，任凭自家个脚走到阿里就阿里，几化自由自在！荡马路个轻松逍遥、适意爽快，是我调节心情个最佳选择，辣紧张工作之余，是舒缓精神个顶好办法。

荡马路可以辣饭后茶余，朋友结伴上街，陪同伴游览市容，欣赏上海个近代建筑脱海派风情。荡马路也可以是有目的个购物，货比三家。有辰光兼及其他商品，无意之中会买着更加称心满意个物事。姐妹一道去荡马路，过去哪怕拣丝线也会得拣个半日，拣布料也板要东挑西拣，现今荡名牌店一家出一家进，像参观展览会，一条马路看过来，作兴一件衣裳都呒没买。夫妻俩荡马路常常重复去彼此熟悉个马路告商店，重辣实惠个或者有情调个商店，看看今朝有眼啥个便宜新物事。情侣道荡马路，穿了时尚潇洒个服装，一出去就春心荡漾，尤其是女青年，引领女装潮流，着了露脐装迷你裙，套了象鼻袜复古鞋，挽了男朋友指鹿指马瞎七搭八，嗲得呒没言话讲，带来无穷个回头率，搿个本身就是一出炫丽个街景。荡马路是谈恋爱脱仔增进朋友友谊个最适宜个形式。

夜里向辣苏州河边马路浪向漫步，好看万家灯火。两岸个高楼辣灯光个点缀下面，格外壮观、明亮。横跨个大桥各有特色，勿时有船从桥下头穿过。就辣河边个长椅浪坐一歇哦，搿能样子个马路荡得也实在舒心。著名音乐家陈歌辛个一首《苏州河边》名曲唱个就是搿种心情。

节日里一道去荡马路是轧闹猛。从中学开始，每年国庆节，我总归会得约要好同学一道去人民广场，再沿了南京路走到外滩轧闹猛，看节日个灯景告焰火。当年漂亮个灯景勿像现在，是一串串电灯泡拉起来个，别有风味，只有国庆节搿个夜里有，因此也就特别激动期待。讲讲看看，嘻嘻哈哈，放眼欢乐个人群，真是快乐无限。有常时到第二日清早四点钟辣外滩乘刚刚出厂个第一班有轨电车叮叮当当回到屋里向。国庆看灯看焰火搿个习惯一直延续到带我囡儿，再到带我外孙囡去看，立辣屋里晒台浪看烟火，比隔靴搔痒还难过，一定要一头轧闹猛一头看街景一头看焰火，再到商店里弯弯，葛末叫煞根！

曾几何时，上海经历过一市三治，建筑多元、人口多元、人种多元、宗教多元、语言多元、教学多元、报刊多元、饮食多元、服饰多元，文化习俗多元，娱乐方式多元个环境，搿能介个氛围必然产生杂交优势，创新告标新立异也就勿足为奇，上海人见多识广，选择爱好也多种多样，白相得来有声有色，有滋有味。当年个风情，绵绵延续至今，洗刷勿尽个铅华，还是搿种上海味道，大家还是欢喜走到自家欢喜个地方去欣赏去休闲。

走过淮海中路西面个华亭路、东面个柳林路，就自然联想起改革开放初始之年个闹猛情景，我有过好多趟来探寻服饰品味新潮，搿个是辣辣快速流动个异常活跃个市民文化。走过成都南路，我会想起辣50年代后期搿个勤俭度日修修补补勿得勿做人家个岁月，搿面特设了一条修理街，分布了20多家小店，洋伞、面盆、铅桶、衣物、无线电啥啥，各种生活用品，侪有修补个地方，商店倡导为人民服务，店主老师傅充满耐心。走过城隍庙闹市个边缘，我常常欢喜踱进一条小路，望望一条细细个弄巷，看进去搿纵横交错个竹竿浪，挂辣色彩斑斓个“万国旗”；沿街个大太阳下，一根根绳子浪，晒辣海一条条勿同色彩个被头，旁边个老太太坐辣竹椅子浪辣晒太阳讲张。进进出出个“马大嫂”拎了小菜篮头辣讲老派上海言话，窗口里还传出收音机里滑稽戏个南腔北调。

老年人、青年人欢喜荡岳阳路、汾阳路、东平路、桃江路、湖南路，搿个几条宁静温馨个路，最适宜独步。老年人怀了闲适个心情，勿时抬头望望一幢幢风格各异个洋式建筑，如数家珍辣回访昔年留下个各种街景，一面慢走一面怀旧，往事如烟飘零就是伊拉个谈资；年轻人独步到搿搭，是满怀个小资情调，最好是辣细雨蒙蒙个季春，着了单薄一点个宽衣，辣搿里向个绿荫下洋房边，寻觅波西米亚个心绪，再到转弯角个咖啡屋去坐坐，从落地玻璃窗望出去外面个风景，再辣小笔记本电脑浪拿文章写下去，实现极品生活风情脱仔幽雅心灵个满足。情侣们走辣雅逸、静谧个东平路上，聆听到屋里传来个钢琴声，平添愉悦个心怀，别有情致。再穿出去，便到百岁法国梧桐笼盖下头个“酒吧一条街”衡山路去坐坐，好充分欣赏欧式建筑告世外桃源个格调。

思南路也是一条僻静幽雅个小路，有成排个深深个庭院，布满了花园洋房。我小学里同桌个同学就住辣“息庐”3 号里，我去过伊屋里，所以老小个辰光就欢喜到思南路去白相。初一，我有两个同学就住辣复兴中路口个思南路 75 号到 95 号个弄堂里个花园洋房里。搿个辰光，学堂分两部制，阿拉读上午班，下半日我就常到 81 号个刘国光同学家里向去做功课。记得辣伊屋里个大草地上背“文学”课个《从百草园到三味书屋》“高大的皂荚树，紫红的桑葚……”，我抬头仰望头顶浪向高大个桑树，斑驳个天空，暗暗出神；又到伊拉屋里个客厅里辣课本浪做“汉语”课划主谓宾、定状补个作业。作业做完，功课复习好，就一道种月季花，用气枪对准了从草丛里钻出来个癞蛤蟆，子弹打进了伊个腿，第二天寻着伊死了，又挖土埋葬。搿一些经历侪对我个一生有明显个影响。搿个辰光，一些显赫一时个大人物大多从搿条马路离去，洋房里住个倒大多是家道好个百姓。我每日侪是荡发荡发，从刘国光个屋里，走过半条思南路，认识各种树木花草，欣赏从51号到95号法国式、英国式、西班牙式个花园洋房姿态，当年采集个交关花瓣、树叶，至今还睏辣我个植物学课本里，已有61年了，过了一个甲子，再来看看搿点东东，勿禁叹息人生之短促了。“文革”开场，伊搬走了，但是我还会常常跑到思南路，昔日个声音、笑貌、携手拥抱时个童心，侪徘徊辣我个心底。今朝我当年走个搿条路线个房子，又开放打造成为一个新个“新天地”——“思南公馆区”了，八种风格个洋房修饰得更加精神，就是各自呒没富有想象力告活力个草地了，显得有点单调。位于重庆南路248到252号个搿幢老宅，辣保持原来风貌个基础浪重建，变得华丽起来，搿搭曾经有好几个我小学里个同学居住辣海，平民百姓，勿晓得搬迁到啥个户荡去了！

“外地人欢喜荡南京路，上海人欢喜荡淮海路。”搿个是上海人个一句口头语。实际浪向，是讲了搿能样子个一个长期存在个现实。南京路紧连着外滩，过去又叫“大马路”，辣大家心目当中，一直占有“拿摩温”个地位，一路浪向高楼最多，又连到俯视中国告东亚49年之久个24层楼“国际饭店”。南京路拥有四大百货商场高楼，当年出售个货物齐全，拨行情行事外地来个人琳琅满目一饱眼福个感受。现在也是一条上海个名牌店聚集个马路，自有伊个上海派头。当年交关外来者，侪要来采购上海出产个乓乓响个轻工业产品，还有各种优质食品，侪要到中百一店、第一食品商店咾啥名店去，所以上海南京路就名扬四海，即使是辣70年代呒没开放个辰光，南京路浪也走辣海匆少外地出差来个人。淮海路就有点匆同，伊原来是法租界个最繁华之路，当年个遗风一直阴魂匆散。法式个食品、服饰，尤其是伊个艺术文化氛围，遗传延续下来，匆时闪光。淮海路好像巴黎个香榭丽舍大街，小资又洋派，细微处见大方，中西融合个新时尚往往会辣淮海路浪老快老新个流行起来。即使辣“文革”年代，一些小资先锋，侪会拿当时有限个阿尔巴尼亚、南斯拉夫、朝鲜影片中男女穿戴个服饰，自家辣缝纫机浪做出来，大胆穿戴到淮海路上去出风头，匆过一歇歇，自有年轻人迅速跟上，辣别个路浪走匆配个，辣淮海路浪就穿得出，还会蔚然成风。所以，淮海路是平民自动化个时装发布场所，青年人，搿点热衷引入时尚、学习时尚个人，侪要到淮海路去，市面领领，西餐吃吃，电影看看，不亦乐乎。我小辰光读小学四年级辰光第一次爱娣带我去荡马路，是从重庆南路走到淮海中路思南路匆到桃源坊隔壁个博览书局，眼界打开，从此呒没关过，跟上去了，后来就脱淮海路有了匆解之缘。尤其是我年轻辣奉贤做教师辰光，每周周末回家，第二日礼拜日，就夫妻两人去淮海路荡一个上半日个马路，有了囡儿之后，就三个人一起荡，搿个辰光是70年代，唯有淮海路好像还有点活气，新个衣饰时髦打扮依然辣淮海路浪向先流行。阿拉走个路线，就是匆断重复我小辰光第一趟荡马路个路线，到了思南路口，就辣对面个“庆丰熟食店”里向买一点熟牛肉，回屋里去放点卷心菜、洋山芋脱番茄烧罗宋汤吃。80年代太太调进向明中学教书，中浪向我每天送伊去上班，回来个路浪就一路走搿段淮海路，看看新华书店、上海书店脱报刊门市部，总有一眼新鲜个内容可读，有空个话，从雁荡路进复兴公园走走，坐下来看脱《中国语文》浪个一篇论文，再从复兴中路个门出去回到屋里向，两点钟光景，就开始写稿。

文人依然欢喜福州路，搿条老上海个四马路。搿里曾经是书局报馆出版业滥觞之地，酒楼茶肆梨园舞台，五湖四海食文化，万国药品，20 世纪 30 年代 20 万文人曾麇集于此。现今依然是文化大道，最有书香气。搿条马路是我除淮海路外去得最多个马路。早辣读高中辰光，礼拜日，我常乘 5 路有轨电车到浙江中路下车，就步行走到福州路个上海旧书店告古籍书店去看书买书，还从小马路穿到南京东路的“朵云轩”去买宣纸、扇面和旧碑帖，觉着老有味道。有时还附带辣福州路个名店“稻香村”里买一只刚出炉个鸭肫干，三角洋钿，当时还觉着贵，但是辣 60 年代初辰光吃，鲜味无穷。后来 1962 年进大学后，周六回家，常常要弯到福州路去看看，我当时个文房用品几乎侪是辣荡福州路辰光买来。现在还是常去之地，上海书城去买书买唱片，到古籍书店、艺术书店东走西走，辣搿块地方还闻得到书香味。

情人们欢喜荡鲁迅公园旁边个甜爱路，辣法国梧桐密密个绿叶个覆盖下面，一双双情侣卿卿我我。整修过个粉墙上写辣海爱情格言，见证伊拉个爱情。走过甜爱路再弯到同心路走下去，伊拉两个人个恋爱作兴上了一个台阶。

外国人欢喜田子坊、新天地、仙霞路、城隍庙、朱家角。搿些地方有上海个传统，又有最新个洋派情调。“田子坊”是曲曲弯弯连成一片个下只角小弄堂，过去是轧来死个平民居住区，又有交关老厂房，现在改造成既有住户，又有老多不同风格个小店铺个共享空间。搿搭，有创意灵感，有奇思妙想，有艺术设计个工艺品、画廊、古玩商铺，有吃咖啡聊天个后院凉棚，有工业文明个沧桑感，有创意新产业个集聚风光，有阳光屋顶，有小板凳晾衣裳竹竿。“新天地”有上海历史文化个轮廓脱仔内部空间个现代化，有中西合璧个石库门，有21世纪个生活方式告节奏，是上海个历史辉煌脱新时代个情感世界，吸引了外国人流连忘返。

大上海个马路多元而深长，最具有大都市个气场，荡马路顶好看个是上海人荡马路辰光个各种陶醉模样！

[注解]

荡马路 dhang molu：逛街。 出脚 cekjiak：有辰光 yhoushenguang：有时候。 几化 jiho：多么。 有常时 yhoushanshy：有时候。 瞎七搭八 hakqikdakbak：随便乱说。 一歇 yikxik：一会儿。 要好 yaohao：关系密切，感情融洽。 煞根 sakgr：过瘾，彻底痛快。 做人家 zuninga：节俭。 无线电 whuxidhi：收音机。 万国旗 fhegokjhi：凉着的衣服。 被头 bhidhou：被子。 马大嫂 madhasao：谐音买、汏、烧，勤劳的家庭妇女的谑称。 荡发荡发 dhangfakdhangfak：逛呀逛的。 户荡 whudhang：地方。 拿摩温 namowen：第一名。 行情行市 hhangxhinhhangshy：许许多多。 乓乓响 'panpanxian：非常好，响当当。 作兴 zokxin：也许。 下只角 hhozakgok：上海城里居住条件较差、生活水平较低，文化素质较差的地段。 轧来死 ghaklexi：挤得很。 晾衣裳竹竿 langyishang zokgoe：晾干。

有花长相伴

一个人个兴趣爱好，大多数出自童年，我一生欢喜花，欢喜种花，出自我母亲亲手为我种下个第一棵白喇叭花。

20世纪50年代初，居民委员会个活动比较多，每逢礼拜六下半日，是读报辰光，阿拉搿个辰光弄堂里个妇女，有交关是勿工作个家庭妇女，一到居委会铃一摇，大家就纷纷出门到我屋里正对面横弄堂底个6号客厅里去学习，搿个是居委会主任个家。当时我辣读小学二三年级，礼拜六下半日是放假个，就常常跟姆妈去伊拉屋里坐辣海。搿家人家个天井两旁边烂泥地皮宽大，主人种辣海交关草花，最多个是凤仙花鸡冠花，一到秋天，走进伊屋里，眼门前侪是盛开个凤仙花，有紫红、朱红、玫瑰红、雪青多种颜色，鸡冠花也钻出了庞大个猩红个花冠。我拨搿能介个美景感动之余，就想辣自家屋里个天井里也种起花来。

是我姆妈晓得我欢喜种花，就拿一块久闲个泥地翻松，问横弄堂里4号种花个人家要来了一棵矮壮个白喇叭花花苗。喇叭花学名牵牛,是缠藤开花个草本植物。我母亲辣喇叭花个旁边插了一根长竹竿,运气勿错,到 5 月份,喇叭花个藤蔓缠绕辣竹竿浪一步步爬到了顶,阿拉就用绳子拉到墙顶。当喇叭花藤一旦超过天井个围墙以后,因为得到充足个阳光脱流通个空气,伊就换个样子升高了,茎梗粗了,叶子大了,藤爬得快得多了,而且从有些叶子靠茎地方,长出了分藤。阿拉用绳子拉到二楼窗口,勿到半个月,已经爬到二楼。乃末我就再接绳到三楼。喇叭花越来越粗壮,勿久就开始生蕊头开花。有常时一株多到有三个花头个,依次可开三朵花。第一年种牵牛花,绳子就一直拉到四楼屋顶浪个窗口,长长个一条,每天开满花朵,生气勃勃。到秋天叶枯花籽成熟之时,我拿一根长绳剪脱掼下去,散落一天井个花籽,收收就是满满一香烟罐头。

首次种牵牛,就得到意想勿到个成功。搿趟种个是开白花个,开白花个牵牛叶子大,每张侪是三个角个阔叶。我记得以后我还辣花叶浪试做过光合作用制造淀粉个实验,初一《植物学》课本浪向有个实验是做辣天竺葵叶子浪个,老师做好拿拨阿拉看,我就辣自家个喇叭花叶子上也做同样个实验试试看,早晨头剪两个等圆个硬板纸,摆辣叶子个两面,勿让太光照着,待到黄昏扚下叶子,拆脱圆纸,辣叶子浪点了碘酒液,叶子变成了紫黑色,唯独搿块圆纸遮盖个部份呈淡黄色,因为搿搭一日天呒没晒到太阳,呒没制造淀粉。搿个光合作用实验是我亲手照《植物学》书浪做成功个第一个生物实验,从搿里可见我当时对植物学搿门课个特殊爱好。

看到人家种个喇叭花开个是红花,我就想办法寻红个喇叭花花籽，看到路浪向有个人家种个牵牛开红花，就等伊到秋天花结籽，去采了几粒籽，引种到自家个园地。牵牛花有白色、紫色、淡青色、红色个，红色个有深红告玫瑰红勿一样。后来我又觅着旁边有一圈白色个玫瑰红喇叭花，觉着伊最漂亮。喇叭花个大小也有勿同，圆周10厘米左右个最多，淡青个野生辣小树篱墙间花最小，红花开得是最大个。红牵牛有尖形个叶子，较小而长，也有像白喇叭花搿能个法国梧桐形状个叶子，则品种最佳。我常常选大个红花朵，扚去颈部，摊平，夹辣书页里，干了以后就变成圆形标本，花茎成为一个淡色个五角星，勿少标本一直保留辣书里、日记簿里，历时几十年到今，还煞是好看。

牵牛花啊牵牛花，虽然是柔弱俗野，民间草根，为《花经》、《广群芳谱》花书所勿载，勿登大雅之堂阿是？但是，蔓生篱落个喇叭花，却是蔓绕相伴我岁月最长个花卉。伊晓露而花，傍晚即谢；但伊天天新换轻装，朝气蓬勃笑迎朝阳，吹响了清早个喇叭，自春至秋，连月着华，明丽清绝，绵柔昂扬。辣辣远去了个温馨个小院子里，从童年学字，到来了奇妙个青春初体验，岁岁年年，伊伴我长大，直到我高中毕业，还日日辣牵牛花藤荫下温书搏考。到搿个辰光伊看到个我，再勿是一个柔弱文雅个稚童了，长成一个气壮志远个小后生。我拿我个一首小诗，献拨拉可爱个牵牛花：

长相思·牵牛

蔓牵牛，娟牵牛，伴我儿时春至秋，朝繁又暮休。　纵言柔，慢言柔，一旦荷蒙飞起头，亦君伴我遒。

而今，辣我阳台个窗外，仍旧是种辣海一大盆万绪缭绕、欣荣娟美个喇叭花！

近来我还辣辣花鸟市场浪第一趟买到靛蓝色个大喇叭花，过去从来呒没看见过歇个，我第一趟见到，真是难得。当我种好搿种深蓝个花辰光，我就想伊假使能有一圈白边个几化好？过了4年，果然在某公交车个站头旁边，见到了一家人家一枝白圈靛蓝色牵牛出墙来。我终于寻觅到了白边蓝花，也是稀有个！

到过了40年后，我回过头去想要寻觅我儿时第一趟种过个白喇叭花，陪伴过我童年个可爱个纯白喇叭花，我苦苦寻找，竟再也觅勿到了！哦哦，我晓得了，当年屋里天井里向最早种个牵牛花方才是我顶顶难得、顶顶珍贵个喇叭花！我以后种过葡萄芭蕉、紫藤红薇、鸡冠凤仙……但辣我个梦里，只有白喇叭花！此花辣我梦中，屡屡盛开！

我母亲欢喜个花，除了喇叭花，还有栀子花脱仔水仙花，侪是白颜色个。

我差勿多年年要去买栀子花来插瓶，相伴我一生个，欢喜了一辈子个，还有水仙花。辣我读四年级搿年，姆妈带了我去新城隍庙，买了一排水仙花，伊欢喜个。因为福建漳州水仙贵，姆妈买了球部用细竹串插辣一道个、一排六株崇明水仙，回来摆辣屋里从前留下来个长圆形个专养水仙个陶瓷盆里，拿圆滑多姿个石卵子摆辣盆里轻压其根，放满清水供养辣窗边净几浪向。我晓得我母亲最欢喜水仙花告栀子花个白色与芳香。

水仙有一段辰光是长叶子，青葱个颜色是我最敏感个颜色。搿个辰光需要有充分个阳光照射再好长出花蕾，当年阿拉住辣三层楼个朝南房间，每日阳光充足。长到一定高度，母亲就用吉庆时用个红纸头做成一个个小圈，套辣六株水仙茎部，讲搿个是增加红色个喜庆气氛。大概过了一个月以后，水仙抽出个花茎浪小花纷纷开始冒出，像小灯一样垂挂辣海，慢慢叫就先开出两朵，睏一觉醒来再去瞧瞧，第二日又辣另外两株浪绽放几朵，花就搿能介一点点侪开了，一株有七八朵，集生茎端，一盆花高低并排开了几十朵，阵阵清香拂面而来，一天胜似一天。水仙花瓣一朵有六瓣，半透明个素白，中间有杯状稍厚个副冠，呈金黄色，真是灿黄嫩白，也有誉为金盘银台个。整盆水仙，腊蕊素瓣，冷艳幽香，婷婷玉立，十分雅致。

崇明水仙花叶细长，开个花常常是多苔个，即内层花瓣是黄白丛生个，芳香扑鼻，要比福建来个水仙香一点。而福建漳州、厦门水仙是大球茎，每个鳞茎里会有几株花茎抽出，花大多是单苔个，即内层是杯状黄冠，放辣圆瓷盆里，一个大球茎可以充满一盆，让伊自然长，可以是笔架式个一排，也可以拿球茎经过精心修削，使每个小花株个雏形露出，阿拉就可以辣选花辰光拣花头多个球茎了。搿种形态个水仙假使削得好，外叶辣中茎处削去一边，到长大辰光会形如蟹爪，呈多种姿态散开，姿势别致，雅称为“蟹爪水仙”。搿日脱母亲一道去拣水仙花辰光就看见了，现在花市场浪一般个削功侪达勿到当年水平。现在我每年 12 月中旬是去专门约好个花店，店主人看到老买客来了，就拿已经拣好个每球有八九个花株个球茎削好卖拨我，有辰光有一球十株个大球，每株都能开八九朵花，一个大圆盆成对摆下两个大球，勿必由鹅卵石支撑了,到除夕新年统统开花,就邪气可观了!

水仙,凌波仙子,何处最有“仙气”呢?就我看来,最有仙气个,应该是伊个根了。君不见伊渐渐长出个粗根,整齐散发,雪白素雅,直到根底才有一点淡赭。就是伊最耐琢磨,真乃冰雪为肌,形态十分端庄。

岁寒脱水仙一道清供的,还有天竹腊梅。这也是我家每年春节少勿了个瓶中乾坤。

赏花是清雅之事,能陶冶人个性情,但是我个养花经历却有一番辛苦。我家辣我读小学六年级个辰光,就住勿起新式里弄个三楼正房了,搬到底层拿客堂间充当房间。客堂一年四季都很阴暗,我还是要每年养水仙花,苦于呒没阳光照,花叶长得老长而勿开花,只好天天拿盆搬到上半日有一段辰光有阳光个横弄堂里去晒太阳,因寒冬弄堂里个阳光也勿长久,要勿断移动,少晒太阳往往叶子疯长花能开个老少。我勿辣屋里个辰光,我姆妈就𠲎能做。“文革”中个年月,觅花也是件难事,“一月革命”𠲎年,水仙根本无处卖得到,种花也扣上了“封资修”个帽子。但是上海𠲎个地方,毕竟还接得着地气,只要吃劲个形势稍微一松,花也就冒出来了。何况勿准卖花,原来苗圃里个人哪能过?伊拉辣徐家汇个肇家浜路绿化带里开了一块场地处理花苗了,我后来种个紫藤、玫瑰葡萄咾啥侪是𠲎个辰光价钱异常便宜买回家个。1967年12月,我竟好勿容易买到了一棵健壮个厦门水仙,正值“文革”高潮期间,我也斗胆拿花带到大学宿舍里去供养,阳光老充足,却遭到有个同学背里加拨我个“资产阶级情调还呒没改造好”个恶名。放寒假回家，我请宿舍里个外地勿回家乡个同学照料，一方面顶着坏名声，另一方面也由于花朵盛开香气盈室哦，寝室里个朋友也乐于灌水欣赏，到我春节过了以后回校，一盆盛开个水仙花开得真艳，是一位外地同学为我特地照料好个。辣顶困难个“文革”期间，虽然养花种花已经扫荡为“四旧”，但是辣上海却还有辣年夜前卖水仙花个地方，只是仅辣豫园边个一个花店里。恐怕上海迭个大城市，还是有地方有特殊个需要哦，老百姓侪会晓得阿里一日会卖花，我每年就辣除夕前某日清早赶去城隍庙花卉店排队。店门一开，长长个队伍就开始混乱，插队脱仔后门使得人人情绪激昂，当我要排到之时，往往余下来最后一点水仙或者小或者勿整齐，但是买回到屋里向还是无限欣喜。所以整个“文革”期间，我每年侪是搿能样子去排队个，有常时到城隍庙花店，有常时到已恢复个南京西路花鸟商店去买，让我母亲每年见到伊欢喜个花，虽然当时生活十分拮据。

牵牛花，水仙花，侪是相伴我岁月最长个花卉。下面一首小词，是我写拨水仙个：

菩萨蛮　咏水仙

婷婷玉立檀心展，灿黄嫩白葱青满。岁岁伴书香，浓情冰雪妆。　　淑姿肌骨倩，相约频频看。妙境在凌波，仙根耐琢磨。

每年春节前后，除脱水仙花，我还要清供“天竹腊梅”。下面是我个一首歌咏腊梅个词：

采桑子　咏腊梅

平生最爱凌寒质，清淡资容，骨挺香浓，正色亭亭沐朔风。　　蜜心历岁偏先绽，金萼难逢，韵味无穷，相拥犹须天竹红。

最令人神怡个是，过年前后，辣辣水仙、腊梅个清香里，手捧热水袋，翻阅线装古书，听听心仪个老唱片，别有一番滋味。窗外最好有点小雪或者细雨。此种情景，怎一个"仙"字了得！

1970年冷天我母亲第一趟突然中风半瘫卧床，我只好暂停工作回到屋里天天服侍姆妈三个月。辣贫病交迫之际，我还是出门去觅来了水仙告腊梅，我一定要使得我母亲辣重病之际，依然欣赏着伊心爱个白色个水仙。一日，当我姆妈睁开眼睛之时，看到我仍旧一年一度个又为伊买来了欢喜个水仙花，我分明看到伊眼睛一亮，歪偏个嘴唇浪露出了一丝微笑。

最令我感到欣慰，而且可以告慰我母亲在天之灵个是：辣高中同学个帮助下，旧年我已经觅到了白颜色喇叭花籽，今年白喇叭花又辣我18楼个阳台浪向迎着太阳盛开了！

［注解］

蕊头 nyudhou：花蕾。　杓 dik：用前手指摘。　后生 hhousan：青年。旧年 jhiuni：去年。

五伢山放牛

阿拉大学毕业之时，正值“文化大革命”高潮期间，非但延迟了一年离校，变辣辣大学个辰光五年为六年，而且全国有相当一批个大学毕业生离开学堂以后随即安排到解放军农场去“接受再教育”。阿拉复旦、华东师大文科个毕业生脱上海外国语大学、上海音乐学院呒啥个毕业生到了江苏溧阳河口旧名叫三塔荡个解放军农场，编成脱解放军一样个连排班，种田、筑坝，接受改造。忙播忙割，“一不怕苦，二不怕死”。一有空隙，就天天筑防洪大坝。不过，也有过一次机会，组织阿拉男生去离开农场遥远个高原山区去放牧农场个大量耕牛。来自大城市上海个廿岁出头个年轻人，久困农场，听到有走出农场去看看个机会，大家侪邪气开心。

天高皇帝远，正是当时最切身个感受。阿拉辣辣雷雨交加越来越大个一日天，整装行军去苏皖交界个安徽郎溪县五伢山林场放农场个牛。搿个是1969年9月个一天，部队里定下来个日脚是勿会因落大雨而改变个，阿拉各人肩挑一头被头铺盖一头面盆饭碗呒啥个生活用具，排好整齐个队伍启程行军。但是几十里行程个挑担阿拉从来呒没经历过，何况头浪戴辣沉重个斗笠，铺盖拨倾盆大雨淋得越来越重，越是走到山区，霹雳大雷打了越大，越走山头越高，只有搿眼人，星星散散挑了行李辣辣走，闪电来个辰光，老老吓人。虽然搿个辰光阿拉经过一年个“锻炼”已经从“肩勿能挑”到侪能够挑了一百斤稻辣田埂浪走了，但是介长个路程，走到后来只好走走停停，坐辣湿透了个铺盖浪向歇歇，越歇，黏辣铺盖浪个烂泥越多，越介挑勿动。不过搿个倒激发了大家个士气，结果从江苏挑到安徽目的地，身体结棍个同学比身体弱小个早到一个钟头以上。从早浪七点出发，我到伊面已经是下半日四点多了。好在山浪向顿时出起了太阳，阿拉马上晒被头，但是夜里还是一道打地铺睏辣潮湿个被头洞里向，而且山浪向更加冷一点。

第一夜，阿拉就从窗外听到从来呒没听歇过个摧枯拉朽个“秋声”，交关响亮，我总算读懂了欧阳修写个《秋声赋》了。辣辣搿个五伢山浪个两个多月，我见识了交关新鲜事体。

阿拉住宿个地方，正好是一大片高原山区开发得顶好、风景顶赞个地方，搿搭老早已经成为一大片树林茂密个林场。我起身走出简陋来死个宿舍，辣搿个半山坳个高原浪向，眼面前就是一片湖泊，对面是一座高山，山青风物妍，水清充满生气，阳光普照辰光，池中正是搿座山个倒影，邪气秀丽。搿个辰光正好仲秋，金风卷衰草，松涛万壑传。阿拉每个人管放两只牛，假使是一雌一雄，只要牵只雌个，雄牛自然会紧跟辣屁股头。阿拉只要看好牛，牛也会老识相个辣广阔个原野浪自由闲游或者奔走。大家天天随意结伴放牛，晨起露霑衣，夕戴返照还。

有常时辣牛背浪背背唐诗，但是搿个辰光除了“毛选”，“四旧”书是勿好带个。搿倒好使我更加有闲暇仔细看林鸟悠悠起，涧花处处鲜，体验浊溪濯我足、青云染我颜个境界。搿个辰光我刚刚24岁，对大自然有发自朦胧天然个感情。阿拉去寻鸟窠，索卵垒穴，取石擦火烧来吃，又约了村童个牛来比试看斗牛，水牛辣耕地辰光几化听话好使，但是一来山野，野性就会越发越大，斗牛是观看野性最好场面，还有就是追逐交配。牛脱我慢慢叫互相熟了，久熟就好勿用鞭。每日放牛回来阿拉会带眼新发现，像石蒜个花，松林下头各色野蘑菇，带回来白相。阿拉也辣山里远走，越远越临深山，越觉着天地宽。看到暮烟过处叶凋黄个美景，听到林边几点归鸦噪个声音，远望天末数行征雁长。阿拉也常常怀了切切乡心凭颓壁，任声声檐雨谱回肠，东望云程想回家。

完全按照军队个规矩，阿拉每周只好有一二人可以去山下头个小镇凌笪去兜一转，啥人先啥人后当然要看侬个表现了。一趟我得到批准去镇浪一游，主要去买一本当时邪气抢手难买着个《农村医生手册》。山浪多阵雨，搿天辣雨中绕了交关小路去了小镇，买着书回林场，回程个风物竟然脱去个辰光完全异样，暴洪绝断路沿，转身回望我熟悉个搿座山，个湿云已经截断山巅，居然看到个是一座吪没山顶个黑山，慌得勿禁一阵寒颤，搿个倒是体会到古人所讲个“一去客心惊”个滋味了！

夜里向，阿拉拿几十只牛集中圈辣一道过夜，乃末到了自家度空闲之时。当时我是班长，还有位副班长赵尚基是山东人，伊带有一只小月琴，伊弹我唱，乃末就有“最喜夜弹琴，风静秋月圆，袅袅歌声远，又是一宵欢”,“落魄翻书昏月照,无聊散步破琴弹,人情世事皆相隔,报告批评没个完”个诗句从头脑里向涌出。搿个是当时确切个两种心情,日日搿能辣辣变换。有个同学买着了当时刚刚开始有卖个半导体小收音机,辣山里居然听勿到安徽电台,听勿清中央台个广播,倒是“美国之音”邪气响亮。后来辣阿拉就要回沪个辰光,上海个工宣队赶到农场来“一打三反”,有个同学因此就拨伊拉扣上大罪名,搿眼揭发材料一直留到“四人帮”粉碎以后还勿能从档案当中销毁。

夜里牛圈常庄勿能安定,常常有牛扭断拴绳跑出去吃脱村民自留地里个庄稼,连种植个葡萄也受到破坏。涉及军民关系,解放军排长就决定夜里拿牛圈到比较远个地方,搭个草棚让阿拉一个个轮流去值夜班。搿能样子一个礼拜后,竟出了事,一只刚出生勿久个小牛勿见脱了。乃末辣白天勿误放牛之余,阿拉打开手电筒,冒了风雨脱浓雾去寻小牛。搿日正好是中秋节,辣辣黑风飞雨蛮个重峦路回旋之中,阿拉感受着浓雾灯明灭个妙境。一直到天亮,再辣一个山坳坳里看见了小牛个尸体,腹内脐已经拨狼吃空,只剩下来毛皮脱仔粗大个肋骨告血迹。乃末上级又指示马上撤回牛圈,阿拉也再也勿敢到远处去值班。

惊险个事体我也碰着几趟。有一趟我骑辣一只牛个背浪向,搿只牛大概想要去湖里汏浴,伊飞奔出去,我也只好拉紧牛绳,勿料搿牛着生头里窜进湖里,我也跟辣海沉到水底,还好它马上从另外一头上岸,我浑身是水跟了上来。我是勿会游水个,我只好紧紧拉牢牛绳,有惊无险个上了岸,后来我再也不敢随便坐牛背了。

山里个林场职工告诉我辣解放初深山里还有土匪，叫阿拉勿要走得深。有一趟我一个人牵了双牛随牛几度清溪过，爬山到达另一个水库云林边，见到个是又一番清新生面，交关兴奋！天苍野茫处，别有新草川，我看到急湍里个睡莲开了红花，沃壤中布有狼蹄个残印。正调转头来辰光，看见两只狼辣我40米前面奔过，当时真是初生牛犊勿怕虎，我个第一印象居然是觉着狼毛比狗毛亮多了，居然勿想起吓，作兴是命大，大概是狼见到我带来个两只庞然大物，就勿敢前来骚扰了，现在想想都后怕，只是当时竟茫然。

有一趟我脱好朋友一道走到远山去放牛，到了一地，别有洞天，看到一股小瀑布挂辣水涧，辩个辰光晴空万里，阿拉勿觉兴起，两人脱光衣裳辣瀑布山泉下头汏起浴来，情勿自禁，两人拥抱起来，恰好拨另外一个同学撞见，后来辣辩个"一打三反"运动里，也作为罪状揭发上去，弄得辩位同伴辣回沪前夕还怕得要死。

山间个民俗到底淳朴贤良，阿拉也曾去拜访过林场里个青年职工。伊拉邪气好客，往往会拿出酒来一面斟酒一面倾吐胆肝。我听到了我居然勿敢相信个真实故事，辩也是廿几岁个一个青年对阿拉讲个：辣辣1958年"大跃进"个年代，伊辣合肥个中学里读初中二，某日晚里，突然听动员又突然拨人装上卡车，蒙辣车里，脱班浪同学一道去了外地个勿晓得啥地方，连告别家长个机会也呒没，莫名其妙到了目的地，刚刚晓得到了茫茫大草地里个蒙古包里，住下来以后就天天劳动。后来过了一段辰光，包里有两三个有点能耐个同学，打听到所在地点，通过秘密联系，串通一眼人商定某日集体逃走，走了两日两夜方才辨明方向走出草原荒地,逛辣火车浪终于回到安徽。伊也勿敢回合肥,逃到现在搿个正辣招人个林场,就一住住到今朝。开始辰光勿敢回合肥看爷娘,因为上面辣辣作为反革命小集团事件追查,后来到了1961年,来了几个调查个人,脱伊讲已改成只追查几个带头人,只要伊揭发就可以既往勿咎,伊惊慌了几年个心情总算放下。当时合肥城里个人还要成批下放,伊觉着辣林场工作已经老稳定,勿想回去了。因为林场有个是树木,所以阿拉看见伊屋里向松木家具邪气坚固齐全,所缺个是寻勿着女朋友。辣埃个"三面红旗万万岁"个年代,我听完伊个倾诉邪气震惊。

阿拉辣辣山浪,有一趟排长兑现了伊个承诺,拨阿拉全体吃了一顿新鲜个栗子鸡,辣吃得馋唾水溚溚渧之后,我就想去访问一下搿点栗子树。一日,我放牛翻过了两个山岭,看见一座山个南山坡,种辣海一片年轻个栗子树,厚实个树叶辣灿烂个阳光下头闪闪发光,树枝浪向长满带刺个栗子。我立辣山坡浪向,望到搿一片正辣成熟个板栗,乃末我就去采生栗子吃,吃吃吃吃,就联想到林场里某家住户自留地里个葡萄树颗粒无余。两相比较,记下了一段感叹之言,写辣我个《苍梧子》练笔里向,取名《吴山葡萄》:

吴山之麓葡萄架畔新植板栗者。一日,葡萄叹而谓栗曰:"羡君刺多而有幸也!"对曰:"何哉?"葡萄曰:"君不见予茎蔓纵长,翠叶如云,岁岁初生之实亦众,惜若昙花,一现而皆不至其终矣。"对曰:"如何不终?"复曰:"予初生之实晶莹可爱,滑溜似琼珠,虽味酸然为稚童所喜，未之熟早已入腹矣！夫君尖刺其裹实，初生犹坚涩，熟后方有味，是以终实之老而可获耳！”

苍梧子曰：“世人有美质无尖刺坚涩者，其如葡萄乎？”

辣辣搿个非常年头，我深感自家个软弱，再努力也勿能保护好自家，我看到忒多个老实人就像搿个“吴山葡萄”，一个个拨拉时势打得落花流水，勿禁万分感慨！

然而，就辣搿个年代，我还年轻，阿拉还侪有“壮志犹未酬”个豪情。虽然觉得征途何等艰难，但总要奋勇向前。搿个是因为辣我从小成长大个上海，自幼感染着脱仔养成功一种奋进个激情。乃末诗情快似剪，留下来勿少由衷言。

农场要出墙报了，我递上了一首《沁园春·五伢山放牧抒怀》：“胸有朝阳，眼望寰球，脚踩露霜。学青松傲立，笑迎雨暴；苍鹰展翅，猛击澜狂。鞭震云泉，歌廻风壑，踏遍群山草棘场。更堪喜，驾腾腾犍牯，横骋平冈。　　青春意气正昂。慷回首，一年谱新章。忆披星挑稻，敲冰筑坝；挥锹抗水，洒汗插秧。屋暖田宽，师良炉赤，换我精神换我装。树宏愿，炼钢筋铁骨，杀敌沙疆。”写写写写，就忘记了艰辛。

但是逆境也使得我常常老悲观个。记得辣勿见家书个日脚里，秋风萧瑟，思念老母独身辣天涯，我勿由得哼起了我小辰光熟悉个《秋水伊人》老歌来，却拨拉一个同学听见，旧学同窗偶见宽，因为大家侪是世事茫茫难自料。伊警告了一下我，居然呒没去汇报。一天，牛角轻轻一带，就把我个胸骨撞得痛极。到药店只能够买着一分洋钿一张个

"黑膏药",感慨之余,呒没任何纸张,我随即就拿自然涌出个一首《水调歌头·感怀》写辣一张黑膏药纸头背面:"风雨潇潇过,花落满阶星,年华似水飞逝,白发又多生。谁念天涯暂泊,何处源头寻觅,寂寞锁深情。只望苍穹暗,不见月潮平。　　石如桌,藤如椅,火如萤。人如柳枝摇曳,瘦影晃如筝。一任山高路远,更怕云荒雨隔,孤雁两三声。感此愁心碎,莫道客心惊!"写完一激动,我小海里养成个一种追求真实、无所畏惧个性情又冒出来了,马上拨一个老朋友看了,伊看到一半马上讲:老反动个嘛?勿得了!不过后来,也呒没见伊揭发过。

我个两种心情侪是真实个,常常互相交换或者交织辣海涌现。辣五伢山浪度过个搿个"黑风飞雨蛮"个中秋,我留下来我深层个心迹,一首《满江红·己酉中秋》成为我每年中秋节写一首个《满江红》当中顶有感触个词:"沧海沉浮,又过了黄花秋月。频回首,一年辛苦,忙播忙割。百感都随流水去,三更总被贪欢夺。憾难平,对桂兔琼楼,声声发。　　唱不尽,相思别;解不透,乡愁结。叹连天衰草,雁荒鸦没。东海不来如意梦,西风还降违心叶。问苍天,何日事能圆,南无佛!"

辣辣搿个风光迤逦、负离子尤多个五伢山浪,我用交关诗词记下来我真实个心声。

马赛克

“马赛克 mosaic、马达 motor、沙发 sofa、麦克风 microphone、派对 party、水门汀 cement、加拿大 Canada、丹麦 Denmark、秘鲁 Peru、伦敦 London”咾啥一大批外来词，只要一看英语个读音，就好晓得，侪是辣上海产生个，正像本地产近代新名词个“马路、洋房、电灯泡、自来水、书局、电车、雪花膏、自来火”一样，有点拨拉20世纪30年代辣上海个20万文人用进了国语，就成了全国通用词语，有个呒没拨普通话吸收，像“水门汀、自来火”。有个人只拿呒没拨普通话吸收个上海话词语看成上海话词语，其实有交关现代社会当中产生个新名词开始侪来自上海方言。

我搿搭来单讲讲产生辣上海话里、辣全国已经推广了个“马赛克”搿个词，还有“马赛克情结”。

马赛克是一种铺辣地面、墙壁咾啥地方个装饰砖，多为方形、六角形个小块，有各种颜色，可以砌成单色个或者彩色个图案。现在大家侪拿“马赛克”搿种连续方块个图面辣电视片个屏幕浪向有意遮挡一眼画面,跟辣搿点画面浪向移动,也叫“马赛克”。越是要用马赛克遮蔽个地方,人家越是想看,譬如辣新闻透视里“马赛克”随某个嫌疑犯个面孔移动,勿让大家看到,大家越是想看清爽搿个人个面孔,到底哪能样子,我拿搿种现象叫伊“马赛克情结”。

辣心理学浪讲,搿个是一种“反拗”心理。辣五六十年代,电影院里上演外国电影,演到浪漫之时,漂亮个男女主人公要接吻,要拥抱,上头就认为有伤风化,当时呒没“马赛克”技巧,有个片子辣放搿个情节辰光就干脆剪脱一段,有个人就要瞪好仔眼睛看伊呒没剪干净个部分。辣公园草地上看露天电影,放到相对浪漫一点个镜头,比如说《英雄虎胆》当中王晓棠演个女特务阿兰脱于洋演个我方情报人员一道跳伦巴,有个人买票就是奔搿段戏去看个,无奈老扫兴个是,放映员辣搿个辰光用手遮牢了镜头,大家看到个是一片黑黜黜。放映员讲搿个是上面关照下来搿能做个。

辣辣全民只看八只样板戏个日脚,农场里反复组织看电影《列宁在一九一八》,下面一片讲话声音,但是放到一半,着生头里场子里煞静,原来是一段“天鹅舞”个场景,虽然也弄得模模糊糊,但毕竟当时呒没“马赛克”技术,大家侪看得认真,以至到现在,关于搿只电影,只有一点印象还有,就是跳天鹅舞!

搿种“马赛克情节”后来反弹得越来越厉害,要批判《不夜城》,人们像要看西洋镜一样,千方百计去搞“内部票”;要侬写批判《早春二月》、《舞台姐妹》文章了,有搿个机会难得,哪怕重要得勿得了个事体侪请假了,兴致勃勃赶去看对别人侪“马赛克”个“内部批判影片”;讲

《乱世佳人》勿好，大家豪躁去看《乱世佳人》。

大家侪晓得个，无非就是搿眼电影有眼地方多了点“人性”，有眼“人情味”，有人情味，就呒没“阶级性”，就一定批判禁映。乃末侬越批人性论，群众越是要欣赏看人性。譬如当年批判苏联修正主义个影片《第四十一》，只见批判文章，根本看勿到电影片，一些人马上就找啊找啊找，翻出过去个某杂志浪曾经刊登过个小说《第四十一》，悄悄流传。

其实三四十年代，上海所拍摄个1800多部海派电影，包容各种题材各种生活，大量个影片侪“人情味”老浓个，对于人性人情、社会伦理，有点影片还表现了人性复杂性个一面，探讨得交关深入，发人深思。当然辣上映个当年，也受到一些“好事者”个批判。“马赛克情结”还表现为“侬越是人性表现得好，我越是要使用‘马赛克’”。

联华影业公司1937年由孙瑜编导个《到自然去》，黎莉莉、金焰主演，表现了搿能一段故事：北洋政府里个周将军自命是有维新思想个实验家，辣珠光宝气个华堂里高喊一声“自由平等万岁！”接下去就乘高大马车辣马弁威武个吆喝声当中、辣路浪乞丐个哀求声里打道回府。他还要举行一月一趟个“平等茶话会”，让三位小姐为丫头、马夫、厨娘捧烟倒茶。辣伊屋里只有当差头个马龙有自家勿同个理想，倒反对一切勿自然个平等，认为文明社会里有主人、有当差是自然而然个结果。将军看到当时天下太平，海晏河清，就动了游兴，驾了游艇畅游大海，勿料突然碰着风暴，漂泊到一个毫无人迹个岛浪。食宿无着，最精于衣食住个老爷小姐发现了自家是最无力解决问题个可怜虫，一家人全靠仆役马龙猎取山禽海产搭建茅屋为生。回国个希望已经断绝，伊拉真个到了自然了！两年以后，大家发现过去个将军高高兴兴帮从前个灶下婢女拔鸟毛，二小姐辣纺纱，三小姐辣舂米，大小姐辣打猎采椰子，每个人侪辣工作、微笑。理想家马龙已经用伊自家个发明、公正脱仔勤敏，自然做起了岛浪向个首领。优胜劣败，适者生存。有铜钿人一改旧习，待仆人平等，将军个大囡儿也辣辣共同劳动当中爱上了马龙。正当伊拉举行婚礼之时，着生头里天外飞来一声大炮，乃末岛浪个生活也随搿声大炮梦幻般个完结。一艘船经过，拿大家救回到城里向。从此以后，又恢复旧貌，主仆分明。只有搿个马龙脱爱上伊个将军大囡儿离开了都市，依然朝"自然"个理想走去。

搿只影片，用其巧妙个构思，对人个生存状况进行了思索，质疑了现实社会当中权力脱阶级对立对人性个异化，搿个是个违背自然规律个社会。编导者进而描绘出一个理想个回归大自然个舒心个世外桃源，辣搿里向，有体力、勤劳勇敢个、有智慧才干个人再是真正个主人。搿个影片是对人告人应有个公正伦理关系个积极思考，也带有"劳工神圣"脱进化论思潮个影子。"到自然去"，也就是到一个真正自由平等理性个世界里去，不过搿个辣现实面前只是一个泡影。

联华影业公司出品、吴永刚编导个《浪淘沙》，金焰、章志直主演，又是一部对人性进行深入探讨个影片：一个善良个海员辣冲破海险以后带了拨小囡告妻子个小皮鞋、花布欢欢喜喜回到屋里，发现并辣激怒当中打杀了告伊妻子通奸个男子，成了罪犯；一个奉公守法个侦探，努力追逐伊要逮捕个罪犯，跟到船浪。伊拉所乘个轮船触礁了，两个人漂浮到一个荒岛浪。当伊拉两家头立辣同一条生命线浪挣扎辰光，伊拉放弃了敌对而表现出邪气高贵个友情。搿个罪犯用救了自家性命个木桶里个淡水去救助苟延残喘老想轻生个侦探。但是有一日天，当罪犯告诉侦探见到了可能来救援伊拉个帆船辰光，生个欲望重新升起，利害个冲突脱人欲个冲动也重新激起，侦探好像看到了岸浪向呼拥伊回归个场景，马上恢复了敌意，铐牢了救助过伊个罪犯。最终是帆船没有发现伊拉，岛浪向永久个留下来两个骷髅。

搿一类个悲剧永远辣人告人个关系当中勿同程度个产生辣海，发人深省，影片就搿能探讨了人性个复杂性。人们甚至辣辣极度患难个自然环境下面都可以互相救助共赴艰难，但是一旦回到扭曲人性个社会现实中，社会浪种种尖锐个矛盾、无法满足个欲望，迫使人们勿能和谐相处以致成为侬死我活个仇敌，人个自然性居然异化到搿能介地步，搿个社会难道勿应该彻底改造哦？30 年后苏联摄制个著名影片《第四十一》，脱搿个影片情节结构何其相似乃尔！

搿眼侪是当年个“马赛克”电影，据沈寂先生讲，导演《到自然去》个孙瑜，当时就冠以“阶级调和”个罪名，从此勿再拍摄伊喜爱个喜剧片了。现在，搿眼影片当然终于重见天日了。

[注解]

咾啥 laosa：等。　有意 'youyi：故意。　关照 'guezao：口头通知。　日脚 nikjiak：日子。　着生头里 shaksandhouli：突然。　两家头 liangadhou：两个人。

煞根

想着“煞根”,就是痛快淋漓!“煞”搿个词,就有“干脆、厉害”之义,“煞”个程度极高,高到了“底”,“煞辣”、“煞煞辣辣”,就是“泼辣、利落、干脆”,“煞”可以到“煞死”个地步,“侬勿要煞死个吃酒,要吃坏脱咻!”搿个就是“呒没个完了”,比如“做煞死”就是“做个没完”,一个劲个去做;“恨煞死”,就是一味“恨到极点”。所以“煞”跟极点有关。“煞痒”就是“过瘾”,就是“煞”到极点,就拿“痒”煞光了,适意了;“煞馋”就是拿馋也解脱了。“煞口”呢,“竭尽全力,拼死个”,“今朝我海鲜煞口吃”。“煞”到最后一口,也是“煞口”:“老酒吃饱要吃眼饭煞煞口”。“煞脚跟头”,就是临到最末脚辰光或者地点:“早点勿来,煞脚跟头要来寻我了。”轮到“煞根”迭个词,就是一直“煞”到了“根”。一样物事追索到“根”,总归是追到了底。所以“煞”辣头浪、中部,侪勿够过瘾,“煞”到根底,就勿是一般个适意、好过告满意,而是“彻底痛快”、“彻底刺激”、“最大满足”、“厉害到底”,忒好了,忒尽兴了,勿要忒开心噢!

一夜天，看十集连续电视剧，煞根！一个下半日连看两部“大片”，煞根！“一天坐格子间，坐10个钟头下来，还要两天一趟去充电补课，夜里觉也睏勿煞根！”“搿把浴汏得煞根哦？”“勿煞根，要到浴室大汤里去泡再煞根！”“今朝搿只游泳池大，水清爽，侬游得终煞根唻？”“喔—唷，有啥好？要到海滩浪去游泳真正煞根！”“搿趟侬伏辣空调间里天天看奥运，看得终煞根了？”“啊—呀，要到北京鸟巢里去看末再煞根！”

上海曾经拨人称为“花花世界”，就是讲，样样物事都好看“煞根”。1868年英国传教士艾约瑟著个《上海方言口语语法》里，就有一句例句，讲：“人住勒拉花花世界，大有福气拉！”辣家庭影院室里看碟片煞根，到大影院去看大片煞根，各人侪可以去寻着自家感到“煞根”个地方去“煞根”。

欲问我辣上海看啥物事顶煞根？就是“顶脱了！”“一只顶！”我毫勿犹豫个会对伊说：看上海个“洋房”最煞根！

作兴世界建筑史浪个房子辣20世纪上半叶最精彩最精雕细刻，恰恰搿段年代个万国建筑风格侪辣上海留下永久个实迹。仿古典式个，欧洲乡村别墅式个，西班牙式个，美国殖民式个，现代式个，混合式个，样样式式，侪是历史风情画卷。

小学四年级辰光，有幸到上海市少年宫去，搿个地方是原来个“嘉道理住宅”，介精神个一座“大理石大厦”，内部装饰侪仿照18世纪欧洲皇宫个式样，底层可以容纳800人个跳舞大厅，阿拉就辣里向跳集体舞，墙面金箔装贴，抬头望过去，房顶装饰辣花纹各异个石膏图案，搿个辰光就迷牢我了，我眼界大开，就想搿种石膏图案今后我个房顶浪也要装上去。

后来去了长宁区少年宫，就是“王伯群住宅”，一幢英国哥特复兴式花园住宅，局部立面带有西班牙式，厅里还有彩绘和壁画，当时当然侪勿晓得底细，但是建筑是好凭直觉感受个，我只感到像是我童话书浪看到个最漂亮个城堡，辣楼梯浪我转上转下兴奋勿已。

1962年高中辰光有一个好机会，上海共青团市委约我去写一篇关于阿拉班级个长篇报道，走进了搿个神话一样个“马勒公寓”。到了这座典型个挪威建筑风格个花园洋房门口，我好像到了外国，像安徒生笔下白雪公主住个房子，尤其是房顶浪向高低勿同个高尖陡直个屋顶，有精细个雕塑装饰物，佩服佩服，服帖服帖。走楼梯一直上去，眼睛应接勿暇，是雕辣海个漂亮图案，彩色玻璃。连搿日天辣工作人员饭厅吃饭，都是看得入神，令人留恋，勿晓得吃了点啥。

后来读大学辰光，有个机会去了上海市作协，搿个是1930年刘吉生兄弟建造个花园洋房，花园里喷水池浪向当年从意大利运来个美女雕塑，优雅柔美，幸好到现在还保留完整；还有华丽个大型水晶吊灯，气势宏伟个罗马圆柱，到现在历经80年个沧桑，依然勿落脱老早个风采。

现在百姓眼福好了，有个辰光，上海洋房开放拨市民告游客参观，我好像赶去看西洋镜看花花世界一般，每趟侪有一点新个发现，辣眼前一亮。搿趟去看了“东平路9号”搿座法式花园洋房，就是蒋介石邪气欢喜个、告宋美龄个结婚用房“爱庐”，一座主楼两座副楼，洋洋大观,菱形平板瓦坡屋顶,墙壁是水刷细卵石,自然别致,现在是上海音乐学院附中用地。

更使我震惊个是老汇丰银行大厅个马赛克八角厅,封存了 43 年,1997 年揭开了面纱,建造到今有 100 多年。四周"世纪壁画"浪,分别是八大城市个当年风貌,八角穹顶上的"黄道十二宫",金碧辉煌,构思来自《周易》八卦面向世界,使我看到了啥个是大气,啥个是派头,啥个是设计构思个精致巧妙,啥个叫中西合璧。

搿眼建筑,拿我看"煞根"了!

[**注解**]

作兴 zokxin:也许。　派头 padhou:气派,格调。　伏 bhu:孵,呆,坐。

夹忙头里髈牵筋

暑假里向，男女要好同学一道出游，特别要当心，拿安全系数算得多点，勿要感情一激动起来，收勿牢自家，闯出大穷祸来。复旦大学里有一对热恋同学去某地旅游，来到山涧流水，兴头一起，男朋友就要表演伊个跳水特技拨女朋友看，脱脱外衣裤，来一个优美跳水动作，蹿到水里，呒没料到一头撞辣水里个硬石头浪，顿时立刻，头破血流，再也勿见伊上岸，女友急得直哭。旁边有一个第二医大个男生，水性比较好，看到搿个情景，马上辣另外地方跳下水去相救，滂了长远，总算拉牢出事者上岸，已经呒没办法抢救了。侬看，为了出记风头拨女朋友看，结果意料之外丧了性命。搿位女子十分钦佩二医大个男子临危救助，以后居然脱伊订了白头约，倒也勿失为一个良缘，后来传为一段佳话。

搿种大穷祸个形成往往在于"出其勿意"，但是要辣女友面前表现自己"来三"是根本原因。又有一趟，复旦两男两女四个同学暑假一道去旅游，夜快头将近五点钟了，还要去富春江对岸个桐庐。本来蛮好是乘渡船去个，开到一半一名男同学突发异想，从船浪跳进江水游泳而去，另一名男同学看到人家下水，伊想自家也会游泳，为了辣女友面前也表现表现并勿落后人家，脱对方别个苗头，也纵身跳进水里。但是伊勿晓得搿日天江水邪气急咾有漩涡，加上江水已经老瀴，一下水就腿抽筋，要想去拉伊个男同学求助，无奈对方也已经自顾勿暇，眼看牢伊慢慢沉下去，女朋友辣船浪向大哭叫救命，但是当地有个迷信，认为救人个人以后会得拨落水鬼拖去个，呒没人跳下水抢救，到末脚船浪两个女同学眼看伊拨江水卷出视野。

搿种"脚抽筋"，就是上海人讲的"髈牵筋"，痛得要命，一直要等伊自家慢慢叫回复，再会安宁。搿种"髈牵筋"，常常是辣夜里睏觉辰光发生个，搿条熟语里个"夹忙头里"，原来是"夹梦头里"，差勿多每个人侪有过搿种"夹梦头里髈牵筋"个体验，正夹了好梦，辣末生头脚抽起筋来，痛得勿能动弹，原因多半像跳进冷水里去一样，脚受了寒引起肌肉个痉挛。虽然同是受冷脚抽筋，一个是一分钟里向好恢复个，一个是一分钟里拨拉潮水卷走几百米。本来是比个高低扎记台型，辣女朋友面前摆个 POSE，结果意想勿到造成悲剧。所以男女同学一道出去白相，千万勿能够忘记清醒，勿要"别苗头"别出事体来。

"梦"告"忙"，原来辣上海言话当中同音。"夹辣梦里"个抽筋，也实出于意料之外，本来是好梦，也勿晓得哪能介一来别起了筋。后来转说成"夹忙头里髈牵筋"，就成了辣已经十分忙乱个辰光，出了呒没意料到个事体来添乱个意思。譬如讲："我正辣忙得来头头转，侬勿要来夹忙头里髈牵筋！""梦"、"忙"两者勿仅是形式浪同音，也有了意思浪向个内在联系。

“夹忙头里髈牵筋”常常辣辣生活当中出现。有一年四月底,我辣加班加点写《海派文化的十大经典流变》一书,因为已经脱出版社约定一定要辣5月中旬交稿,方才能赶上上海8月盛大书展。我正辣写我最得意个一篇《尽显风流100年》,一面听施银花、筱丹桂、戚雅仙、金采风、徐玉兰咾啥个唱片,一面分析伊拉个曲调高低告嵊县话、绍兴话、杭州话(保留了中古北方话语音)、上海话咾、新派(辣40年代正辣苏州、宁波话等江南语音个撞击下勿断优化)个连读变调是哪能密切契合个,一点、一点个拿具体证据记辣电脑里,再概括说明唱腔是哪能辣融入搿点方言语音个精华当中过渡来取得杂交优势,从而优美得其他剧种脱伊无可比拟。忙得头头转,连饭也勿能停下来吃。总算完成搿段最精细个工作,关了电脑吃饭。万万想勿到吃完饭以后,电脑“夹忙头里”跑来作弄我,脱我添乱,伊根本呒没中毒却再也开勿亮了,侬说是勿是“夹忙头里髈牵筋”?急得我从“头头转”转到“团团转”了!一歇歇去电脑高手家,一歇歇又连忙去SONY维修部,一检查下来讲是“主机板”坏脱,想得到哦?乃末就拿硬盘拆下来,摆到别人个电脑里去取出数据,但是关键个C盘“我的文档”却无论如何打勿开了,因为我个电脑设了密码,而我暂存个顶顶重要个四篇刚刚写好个文章就搿能密辣里向出勿来了,要我重写一遍哪能来事!我拨拉维修部冷冷个告知:侬只电脑已经“过气”四年了,勿一定好有原来一样个主机版来换上去。但是,只有换好同样个主机板,再可以输入密码打开“我的文档”啊!漫漫一个五一长假,我“髈牵筋”了一礼拜,脑子里一直勿得安宁。到底出不出高价请高手强取数据呢，搿个是一个问题，因取勿好反而全军覆灭。又伸长头颈等了几天，修理部总算通知我，相同个3 600元个主机版从无锡“快递”过来了！阿弥陀佛，上上大吉，贵得可以，不过离交稿日期已经呒没有几日天了。

最近又碰到一趟“夹忙头里髈牵筋”，搿个是参加一位朋友儿子个婚礼。为了捉牢人生个搿个一个美好个一瞬，伊拉宁可加上1 500元也要拿场景布置得更加上档次更加经典；也为了留下顶精美个纪念，伊拉也真会得煞费苦心扎台型。比如为了要表现得十分精彩，勿至于出错，还特地拿已经坐辣座位浪个三十多桌个嘉宾请出婚宴厅去，暂时到厕所边个长廊浪去互相闲聊脱一歇，有人去问出原因来，是新郎新娘小傧相咾啥为走好红地毯还需要排练一遍。

等到7点08分，主持者再用顶高昂个、顶激动个告顶做作个声音，开始放送出种种深情蜜意个激情话语了，“繁弦促管，好不开怀。”乃末阿拉久久等候辣海个顶出彩个镜头一眼眼呈现，新郎新娘姗姗缓步步入顶幸福个时刻，走到一定个地方，新郎朝新娘鞠下顶规范个躬去，几化上好佳个音响、语言告五颜六色个花炮一道灌进嘉宾个神经，人人看了侪会得万分激动，恨勿得自家也来实验一遍搿种情景，再补一趟介荣耀个婚礼。到搿个辰光，我再恍然清醒，今朝我决勿是“接着一张罚款单”，而是看到了花一千元走进“上海大剧院”也看勿到个好戏，搿能壮丽个绝佳场景！

正当大家脚尖掂辣海头颈伸长仔，津津有味，看辣新郎新娘做各种重要勿可以少个动作，辣红地毯上缓缓行进之际，着生头里一片漆黑降临大家眼门前,有人夹忙头里勿不经意冒出一声:“地震!”致使场内顿时一片哗然,不过大家终于还是马上醒悟过来,上海不大会介可骇,一道屏出两个响亮个字:“停电!”

搿个真是“夹忙头里髈牵筋”！啥人都呒没料到搿能豪华个婚礼也会插进搿能介一段意外个勿识抬举个情节。好辣无数“菲利浦”两分钟以后又重放光明,比我夜里辣床浪向髈牵筋个持续辰光只多了一倍,不过精彩个表演只好重来第三遍。

[注解]

要好 yaohao:感情融洽,亲近。 闯穷祸 cang jhiongwhu:闯大祸。 兴头 xindhou:因高兴或感兴趣而产生的劲头。 来三 lese:行,能干。 夜快头 yhakuadhou:傍晚。 别苗头 bhik miaodhou:比高低。 咾 lao:又。 瀴 yin:凉。 到末脚 dao mekjiak:到最后。 结棍 jikgun:厉害。 慢慢叫 memejiao:一点一点地。 扎台型 zak dheyhin:出风头,争面子。 辣末生头 lakmeksandhou:突然。 头头转 dhoudhouzoe:比团团转稍轻。 一歇歇 yikxikxik:一会儿。 来事 leshy:可以,行。 礼拜 liba:星期。 捉牢 zoklao:抓住。 几化 jiho:多么。 着生头里 shaksandhouli:突然间。 眼门前 ngemenxhi:眼前。

霉头触到哈尔滨

上海人个形容，真是海阔天空，想到阿里是阿里，触霉头，就是倒霉，倒霉也要倒得远一点，越远越过瘾。20 世纪 50 年代以前上海人讲:“霉头触到印度国”，50 年代以后大概邪气少出国，就行“霉头触到哈尔滨”，上海到哈尔滨，已经悬开八只脚啦，本世纪年轻人当中又改了一改，叫“霉头触到西伯利亚”，再让伊远一点，不过还是西伯利亚而已，阿里一日霉头触到圣彼得堡也讲勿定。勿管触到北极南极，月球火星，反正就是触霉头触到吃勿消个地步！

上海话里搿类极言，岂仅触霉头独占。极言变化之速，讲“眼睛一霎，老母鸡变鸭”；极言侥幸到头，讲:“额角头碰着天花板”；极言折本，讲:“吃赔账吃到南天门”；笑人炫耀，曰“卖样三千”；叫人家省点事哦，好讲“省个一百省”；拒人来插手，讲“谢个一百谢”；等人家觉着辰光忒长，讲等得侬“半半六十日”；叫侬放心，侬就“放一百廿四个心”哦；极言精明之甚，曰“门槛精到九十六”；倒霉之极，还可以讲“倒了一百廿四个霉”，“碰着七十二个大头鬼。”数字也拨上海人弄得团团转。

"触霉头"为啥拨上海人夸张到介厉害,作兴上海人最忌讳触霉头。

过去个上海人,辣弄堂里走,从晾衣裳竹浪向女人个裤裆下头穿过;抬头一望,一沰鸟污落辣伊额角头浪;楼浪一盆龌龊水倒下来,正好泼辣头顶浪;或者管了上头,脚掰辣一块石头浪掰脱一跤;高高兴兴吃蟹,吃着一只死蟹,侪认为是"触霉头",侪要难过半日天。

后来钻裤裆之类已勿足为奇,就是老婆逼伊跪汏衣裳搓板,也赛过家常便饭,勿是到西伯利亚去,勿算触霉头了。但是,碰着触霉头个事体,还是有交交关!

200多元一克个"冬虫夏草"买来,拨行家一看,侪是假个;买大闸蟹,眼看辣海伊一只一只扎起来,摆到大袋袋里,回到屋里一看,老母鸡变鸭,变成一袋石头,中了调包计;今朝一进公司,就拨老总骂了一顿,莫名其妙;昨日夜头姆妈对我老婆斗气,叫我吃了一只冤枉夹档。搿些侪是遭遇"触霉头"。

一位贤弟,啥个侪好,就是有眼"花拆拆,勿安份"。第一趟公费去南方,伊就得意了,觉得"额角头浪亮晶晶",还想去眼界开开,见到个"洗发廊",跨进去张望张望,勿料就触着了霉头,他前脚进,后脚就来了几个警察冲进来查抄,"淫乱活动!"统统"勿许动"!"霉头"触得"勿大勿小"了,"额角头浪顶扁担"了!只好硬撑辣海,轻个末罚大钞票走人,重个末留下大名还是勿来三,还要工作单位名称,通知要发到单位里去,请伊"吃搁头",吃勿了还兜着走,公职开除个也会有。搿位贤弟还好,额角头还有点亮,半个钟头蹲过,钞票罚脱了点,姓名、单位名称留下来了，提心吊胆半个月，后来总算等到呒没一只伊妹儿传到上海个一天。我讲："老兄啊，还算小凶，霉头只触到深圳为止！呒没远到上海。阿有教训啊？"

今年伊屋里一个人死脱，一个人现在又掼一跤住医院，要去查查八字了，触着啥个霉头？"飞来横祸"尤其触霉头，辣马路浪助动车脱汽车"香鼻头"，辣高架浪一记头追上了尾，住进医院，你讲霉头触到啥户荡？

搿个是一家人家触霉头，有个年头，是一批人家触霉头。1957年，镇浪向个一位名嘴，一路走，一路唱山歌："今年我末，买着只夜壶漏，戴着只帽子右！"伊毕竟还是个书喥头，勿知天高地厚，搿霉头绝对勿是触一年头个，后来霉到无边无际，一直触到哈尔滨，一直触到1978年，连伊个儿子也跟伊触到哈尔滨个郊外去了！人人触霉头，事事触霉头，处处触霉头个年岁也有，触霉头触到"人事处"个地步，搿个是1966年。

"触霉头"林林总总，形形色色。当着勿着拨人"挖苦"，或讲点勿吉利勿趁心个言话，搞得人家老尴尬勿快活，也是"触"过来个"霉头"。"请侬新半斋吃寿面，侬勿肯赏光，算存心触我霉头？""我辣巴望丈夫回来团聚，伊弄张山洞勿通个画来送我，存心触我霉头！"讨着个没趣儿，也是触着霉头："乔迁大喜，我本来想叫他来闹猛闹猛，结果触着仔一个霉头，伊根本勿来。""现在风头勿对，侬勿要来教我国画了，当心触着霉头。"我大凡听到嘲叽叽个冷言冷语，总归欢喜回应一声："好唻，我谢谢侬，拜拜侬，侬勿要触我霉头唻！"但有常时，我开心个辰光，随便伊讽刺我啥，触我啥个霉头，我只当补药吃！

人最怕触霉头！乃末就怕"碰着"触霉头，连带"碰"字头个话一道带上仔触霉头个阴魂。"碰壁"触霉头，"碰钉子"触霉头，"碰勿碰要煞我"触霉头，讲"碰得着个！"辰光，一定是碰到"少有少见"个人或者事了，或者"吃了伊个药了"，也是触霉头。辣辣勿幸运、倒霉个辰光，会讲一句"碰得着个啥！今朝我倒了一百廿四个霉！""额骨头碰着棺材板！""碰着出老了！""碰着大头鬼了！"触着了鬼搿般闷霉头，"搲拉勿出"，只好吃进，再退下来高叫高叹一声："碰着伊，算我路道粗！"

等到要讲"碰着侬算我路道粗"了，讲"侬个胡子最硬"，讲"我搿生搿世总算认得侬！"辰光，讲"我真真眼睛瞎脱了"辰光，讲"真输拨侬"辰光，大概霉头已经触到哈尔滨或者圣彼得堡了！

［注解］

悬开八只脚 yhuoeke bakzakjiak：离开很远。 作兴 zokxin：也许。 晾衣裳竹 langyishangzok：晾衣服的竹竿。 一沰 yiktok：比"一点"大，常是黏糊状的。 鸟污 diaowu：鸟粪。 额角头 ngakgokdhou：额头。 掰 be：绊。 触霉头 cokmedhou：倒霉。 赛过 segu：好像。 交交关 'jiaojiaogue：好多好多。 吃夹档 qik ghakdang：夹在中间受气。 花拆拆 'hocakcak：喜欢与异性调情的样子。 额角头浪亮晶晶：额上发亮，很侥幸。 勿大勿小 vekdhuvekxiao：正好，引申为挺厉害。 额角头浪顶扁担 ngakgokdhoulang din bide：硬撑过去。 勿来三 veklese：不够，不行。 吃搁头 qik ghokdhou：受挫，吃不了兜着走。 掼一跤 ghueyikgao：摔一跤。 香鼻头 'xian bikdhou：接吻，此处指相撞。 一记头 yikjidhou：一下子。 啥户荡 sawhudhang：啥地方。 书喥头 'sydhokdhou：书呆子。 当着勿着 'dangshakvekshak：无端。 闹猛 naoman：热闹。 嘲叽叽 shaojiji：很喜欢很善于嘲讽别人的样子。 总归 zonggue：总是。 有常时 yhoushangshy：有时候。 乃末 nemek：于是。

少有少见 saoyhousaoji：指人或事的坏样子真实少见。　吃药 qik yhak：上当。　掗拉勿出 'olafhekcek：沮丧得说不出话。　碰着伊，算我路道粗 bhanshak yhi，soengu ludhao 'cu：字面意思是遇到他，算我门路多本事大，实际上是说碰到他算我冤家路窄，算我倒霉！　侬个胡子最硬 nongghek whuzy zoe ngan：你最狠许厉害！　我搿生搿世总算认得侬 ngu gheksangheksy zongsoe nindeknong：我今生今世总算认识你，实是怒言，被你害了一次要了一次，这辈子看透你了！　真输拨侬 'zen sybeknong：看到你怕，无可奈何，服了！

戳壁脚

过去多数人家还勿住“高层公寓”房子，“高层”个“壁脚”交关硬，侬要“戳”也“戳”勿动。老式房子，每家人家侪有墙壁，又一家贴紧一家，砖头墙壁有勿少比较薄个地方，转弯角又多，掰能就拨“听壁脚”得仔“戳壁脚”创造了便利条件。人家辣讲自家屋里个家事，或者对别人家个事体发点议论，某个人却拿耳朵伸长仔搕辣壁脚边头偷听，或者迓辣转弯角子里听，掰个就是做“秘密工作”，偷听人家个说话，叫“听壁脚”。听了还要传拨人家听，中伤别人，暗中使坏，掰个就是“戳壁脚”个勾当。掰能样子，“听壁脚”得仔“戳壁脚”两个见勿了光个恶劣行为，可以构成连环作业流程。

“听壁脚”固然勿好，但人侪有好奇心，有辰光想发现人家有啥新鲜事体，就要听听伊个究竟，过去七十二家房客住辣一筑堆，“听壁脚”常常会有发生，但是掰个是侵犯了对方个隐私个。

“戳壁脚”，是心里有坏水个人所为，伊就是“暗中中伤人”。过去辣弄堂里会碰着掰能一种长舌妇，老是辣张家面前讲李家短，李家面前讲王家坏话，勿二勿三，搬嘴夹舌，专门对人家个缺点短处有兴趣，到处人后挑拨是非，“戳”人家“壁脚”，搞得后来人人对伊侪回避三尺，常怕又有啥个把柄拨伊捉着，成为“戳壁脚”个素材，即使拨伊“牵”起“头皮”来，也老“吃勿消”了。

不过，搿点还算是“小儿科”，更有甚者。戳壁脚个人有辰光是胸有成竹，窥时一戳，带来无穷收获个。“壁脚”个神通广大，野路子逻辑，算计好仔步骤，为了打击别人抬高自己，一戳壁脚，就是恶意伤人，就是制造谣言，辣关键辰光使出“杀手锏”，拿能人、拿自家个拦路虎打下去，自家就可以无情个踏辣别人个肩胛上爬上去。搿种人好使出浑身解数，天天到领导办公室去戳对方个壁脚，甚至写检举信，搞恶作剧，将戳壁脚进行到底。

一个辣背后进谗“戳壁脚”，一个正好是当事人辣当场“听壁脚”。搿能个场合也常常会见到，紧接着必然是唇枪舌剑，拨伊戳个人当场跳将出来一场雄辩，“顶山头”起来，可以吵得面红耳赤，以致动武。更有厉害个，勿来“对着干”，“忍”为上，君子三年报仇勿晚，一有机会，戳壁脚变成一场烽烟滚滚个斗争。

戳壁脚有常时会有神速效果。譬如讲辣重要个晋升干部或者评定职称时刻，伊就到人事处去转一圈，以群众代表自居，去戳点壁脚，或者发出几封“人民来信”，“骗骗野人头”；或者伊去搞出一篇文章，捉出脱自家有利害关系个人个一根小辫子大加笔伐告炒作。作为一个领导，辣看到两个“脚碰脚”个人个材料辰光，到底拿阿里个人评上去，正辣拿勿定主意，“戳壁脚”便大逞“雄威”，即使大家侪晓得伊个人辣戳壁脚,可以驳得伊体无完肤,但辣领导眼里,一个人全部是赞扬声,一个人赞扬声中有争议,正辣摆勿平轧扁头之际,似乎神来帮忙,往往会相当自然个评上了无争议者,好像摆得平点。侬看看"戳壁脚"个灾难有多少大!

从上面讲个情况来看,"戳壁脚",有暗地里偷偷"打小报告"个路数,也有明打明公开"戳壁脚",挑拨寻衅个办法。其中有一点是相同个,像"听壁脚"一样,侪是辣辣"转弯角落"里花心思,侪是一种见勿了人个勾当。

一眼一眼个,"戳壁脚"拨有些"聪明人"搞成了"拍马屁"爬上去个工具,譬如讲,伊辣主人面前戳别个雇用者个壁脚,主人就引伊为心腹。"戳壁脚"又成了"抢生意"个工具,"报复人"个利剑,最结棍个,成为"陷害人"个杀手锏。

70年代底有个人接到通知,要烧脱伊辣档案里个一批"文革"中拨人误整个"黑材料",看见里向还有一条"壁脚",是有人辣50年代"戳"个,搿个是一直考证勿清真假个一只问号。就是搿只问号嫌疑,使得伊一辈子勿受信任,害得伊一生勿能入党,勿能提干,勿管阿里个领导来看一看伊个档案,搿个子虚乌有个"杀手锏"就会显灵,次次中招,伴随了伊整整大半生,而伊他又蒙辣鼓里毫无所知,等到澄清,头发侪已经白光了!

我辣刚刚进大学读书辰光,住校第一个周末回家,走进弄堂,一场惊奇。我家弄堂脱卢湾区中心医院隔开个厚厚围墙,居然长长一大条统统倒坍,弄堂里个小囡侪冲到一大片草地浪去白相得痛快,拿花草全部踏平。我邪气奇怪,问了方才晓得,此乃“戳壁脚”之灾矣!长期来,“野蛮小鬼”翻墙头过去,挖墙脚,抽砖头,为了捉蟚蚍,就㑚能介挖挖拆拆个,使得一座大墙辣一天之际突然倒塌。“戳壁脚”个行为,就是㑚能结棍!一个人戳,两个人戳,一传十,十传百,只需几十个人一道来戳壁脚,即使耳朵勿软或者耳朵老硬个人,也会招架勿住,谣言变真理,好端端好个一座金殿楼台,也有可能弄得坍脱了完结!

[注解]

揾 yik:贴壁躲藏。　迓 'ya:躲。　有辰光 yhoushenguang:有时。　一筑堆 yikzokde:聚成一堆。　勿二勿三 veknivekse:不正派。　搬嘴夹舌 'boezygakshek:搬弄是非。　常怕 shanpo:生怕。　牵头皮 'qi dhoubhi:提起或数落别人过去的过失或把柄。　肩胛 'jigak:肩膀。　顶山头 dinsedhou:顶撞。　有常时 yhoushanshy:有时候。　骗野人头 pi yhanindhou:骗不内行的人。　脚碰脚 jiakbhanjiak:差不多情况。　轧扁头 ghakbi dhou:忙得不可开交,无法应付。　路数:lusu 背景底细,办法招数。　明打明 mindanmin:公开,光明正大。　一眼一眼个 yikngeyikngeghek:渐渐地。　结棍 jikgun:厉害。　蟚蚍 shejik:蟋蟀。

打朋

所谓“打朋”，就是朋友当中开开玩笑。“打打白相相”，搿个“打”，并勿是真个“打相打”，不过是一种“寻开心”，因为是要好个朋友或者老同学“出窠兄弟”咾啥，亲密无间，大家惹惹扯扯，手脚个随意反而显得交情个深长。阿拉常常看见刚刚走出校门个中学生走辣一道，侬打一下，我撸一记，一日天个紧张随之消除，所以“打朋”还有放松神经个功效。

“打朋”还有“打棚”、“打髼”、“打棒”咾啥个写法。对方言词语，一般是勿宜到书面语里向去求索“书证”或者“出典”个，因为古代留下来个书大都是用北方话“通语”写个，编个辞书当中方言词也老少，方言长期流传辣一地老百姓个口语当中，呒没人去记录下来，等到有人辣辣某篇文章里向偶然夹进了一个方言词，表示某某情景当中个某意，只好讲是一个方言词有了一个出现个机会，作家又勿是语言学家文字学家，辞书上又呒没依据，随便写个同音字也是常见个事体。葛咾勿能够讲书面语浪向初见到个一定是正确个写法，勿好讲文章浪向个辩种用法一定是最早个用法、最原始个本义或者原始个出典。辣口语当中用了100年刚刚到书面浪出现也是可能个事。所以硬劲要去考据方言词语个来历,往往会信假为真;交关有关方言词语个故事,侪是后来人个附会。不过,也有个书写个“本字”是有一定可信度个,譬如讲《嘉定县续志》的“方言”篇浪向“打朋”记作“打孛”,注:“俗谓调弄人以自取乐也。孛,俗读如彭。”因为嘉定县个续志继续了过去个编纂传统,清朝嘉定出身个语言学家钱大昕曾经对江南方言个一些用字考证过个。过去有个书拿“白相”也写作“孛相”,因为辣老上海话中“孛”个口语音是“白相”个“白”个准确读音。但是,“白”辣上海地区个文读音也脱“孛”同音,所以“孛相”也勿妨从俗写作“白相”。“打孛”个“孛”为啥读如“彭”呢?我想,“孛”也像北京话个“玩”一样,“玩”可以读成儿化词“玩儿”,上海“孛”也能儿化,不过吴语个“儿化”脱北方话勿同,儿化个“儿”读成“鱼、五(ng)”个音(宁波话“儿子”到现在还读如“鱼子”),“五 ng”音粘辣“孛”后面“化”上去,“孛”就鼻化读成“彭、朋”音了)。告“麻雀”讲成“麻将”是一样个原理。

所以,“打朋”个意思确实是“打白相”了。“打朋”是一种戏谑,所以会越打越开心,一波掀一波,觉着邪气轻松快意,像吃了兴奋剂,结果打朋常常就会打“豁边”了。朋友打朋是有度个,玩笑越开越大,“调弄人”忒过份,未免会触犯底线,侬要“以自取乐”,“寻”是“寻”了自家个“开心”,搞得人家勿开心了!拿朋友灌醉,又拿伊脚踏车胎浪个“气门芯”拔脱了,辩能介“打朋”,叫人家哪能回去?四个朋友一道一头吃吃老酒吃吃膨化食品,一头嘻嘻哈哈牌打得劲头十足,其中一位老弟老是输,刮鼻头、夹耳朵咾啥罚个方式侪已使尽,哪能办？乘了酒兴有人突发奇想,去拿伊个短裤剥下来,罚罚透,虽然搿位老弟面孔红了也不大计较,大家老早就是一道出入浴场个“老交”朋友了,但是搿能样子做损害了人个尊严,越出了底线,忒过份了。“打朋”之“度”,“寻开心”寻到啥个地步,全在于伽自家相处当中已经达到个可容忍度进到几度而决定个,超出一眼眼,还呒没关系。各群朋友,上下尺寸大勿相同。

打朋要识相,但也有“勿打勿相识”,打了反而打成了朋友个。譬如辣一个酒吧个桌面浪,各人带来了自家个朋友,聚辣一道,牛皮吹吹朋打打,搿个也成了现在年轻人个老有新鲜感个找乐子个一种常见形式。大家吃得高兴辰光,打朋就要开始了！打到后来,一个大叫:侬有啥稀奇！侬搿种小儿科个“题目”我勿晓得碰着几趟了！另一个也勿服气,大喊:“侬勿要老三老四！伽爷叔加入 IT 辰光,侬还辣拖鼻涕赤屁股咪!”乃末开玩笑开得真叫“勿大勿小”,变成吵相骂了。不过“多云转晴”,半个月过去,骂对方“小儿科”个“朋友”辣自家公司里向碰着了一个难题,大伤脑筋急得团团转,转而一想,搿个自称为是我爷叔个“朋友”,勿是勿妨好问问伊个哦？到后来,岂但搿个难题化难为易,而且两个勿打勿相识个朋友还一道合作搞起了两个项目。所以讲,“打朋”有常时也是一个润滑剂,或者是一种催化剂,会打出好朋友,打出灵感来个。

反之,打朋也有拿朋友打成功冤家。勿想做个事体,尝试去做做,也叫“打打朋,做做看”。四月一日愚人节,大家无法无天打打朋好像是无所谓。但是切记，打朋失控或者失算，会得酿成大错。一位朋友为了拨人一个“惊喜”，迓辣壁角落里，等朋友走近，伊从暗头里冲出来大叫一声打个朋，结果一个朋友吓得心脏病突发，马上送医院抢救，即使赔脱了交关医药费，但是从此“吃伊勿消”，两人就勿再来往了。又有一位朋友为了打朋，园脱了对方个一个皮夹子，里向有交关现金，急得对方寻得满头是汗，伊还要引引对方，胃口吊了一日天勿拿出来。等到第二日朋打好想要还她，勿巧皮夹子𠲎没摆好，真个拨一个贼爷爷偷仔去。乃有口难辩，连善意恶意侪搞勿清了，两人就此结了冤家。

“打朋”还有各种各样打法。拔气门芯是有点“豁边”，比伊更加大个“朋”多了。“捣蛋”也是一种“打朋”：“我刚刚做出一点头绪，侬又要来搞勿清了！侬勿要打朋了，我谢谢侬拜拜侬快点走哦！”从中作梗使人谋事受障，也是“打朋”：“我打伊一记朋，拆脱伊一只螺丝钉，叫伊勿要再神气活现！”伊是忌妒人家之咾，结果要了人家个好看。“戳壁脚”，也讲是“打打朋”个呀；闯祸，也借“打朋”而行；大打出手，也轻描淡写个讲：“我只不过脱侬打打朋！”打大朋可以叫人大触霉头大受损失。葛咾有一趟有人诚心要脱我作乱为难，我意欲挽回，只好讲：“朋友帮帮忙，侬勿要脱我打朋了！我明朝请侬去吃大菜！”

［注解］

寻开心 xhinkexin：开玩笑。 葛咾 geklao：所以。 邪气 xhiaqi：非常。豁边 huakbi：过度而出格。 自家 shika：自己。 脚踏车 jiakdhakco：自行车。 一头……一头 yikdhou：一边……一边。 咾啥 laosa：等，等等。 老交 laojiao：有深厚交情的朋友。 一眼眼 yikngenge：一点点。 识相

sekxian：安分，知趣。 辰光 shenguang：时间，时候。 乃末 nemek：于是，这下。 吵相骂 caoxianmo：吵架。 有常时 yhoushanshy：有时。 迓辣壁角落里 'yalak bikgoklokli：躲在墙角里。 园 kang：藏。 皮夹子 bhigakzy：钱包。 吃大菜 qik dhace：吃西餐。

十三点

“十三点”，像是女娲补天一勿当心从天浪向落到上海来个一块“陨石”，上海人众说纷纭，考来考去，侪弄勿清爽石头个可靠来历，真是，比假宝玉还难以索隐！有人讲，好像就辣眼门前，晚清辰光刚刚落进上海来个，因为搿个“雅称”名勿见《山海经》咾啥个经传，以前也勿曾听说过。有人讲搿个是西方外国人发明个时鸣钟带过来只敲12点，中国人发明个搓麻将两只骰子掷下去只见12点，“出格”了再变成“十三点”；有人讲“痴”字13画，“惷”字13画，“傻”字也是13画，加起来个意思倒有点像，像煞有眼道理个。不过“痴、惷”侪是“癡、蠢”个俗字，或许“十三点”生来是个俗而又俗个俗人用个东东，勿入斯文之堂吧，只配拨他们用个“俗字”？老权威《广韵》、《集韵》书里“傻”字侪是12画，到现今刚刚“规范化”成为13画，莫非“十三点”出生辣20世纪五六十年代哦？另外还有人讲，“梁山伯”是“十三点(2+3+8)”，葛末搿能介一来，世界浪“十三点”帅哥也就忒多了，美眉要是真个碰着“十三点梁山伯”，勿要忒吃伊嗅，就算成了呆头鹅，美眉们也决勿会放弃,哪能会反而骂伊“十三点”了呢? 偏偏“十三点”辩个词还带有点“阴性”,要“祝英台”再骂得出口来,英台跳进坟墓里也勿会叫山伯“十三点”个啊! 女娲辩搭考证勿出,有人就转到上帝埃面去,讲“十三”是西方人勿欢喜个数字,因为耶稣辣“最后个晚餐”辰光,出席者一共拢总 13 个人,辩个勿祥之数先拨西洋人所忌讳,有个地方连房间也呒没 13 号,开埠以后来到上海“土洋结合”。辩个出典看来最像点样,但是西方人侪弃用“十三”,也勿是因为厌伊“痴头怪脑”,阿拉倒要拾伊来又勿好当“色拉”、“咖啡”、“太妃”吃,为啥要加“点”字后赠拨还有点可爱味道个人呢? 哦,“十三点”啊“十三点”,兴趣浓个人再去考证引申伊十三年哦。阿拉拿“二百五”考成战国齐王拍案拍出来个、唐朝长安京兆吆喝吆出来个侪无妨,考成“半斤”也勿错,反正“二百五”就是“二百五”,“十三点”就是“十三点”,勿会少“一点”。

“十三点”,是从她们或者他们个行为当中冒出来个,是她们嘴巴里叫出来个。

莉莉从来有点人来疯,今朝勿晓得正好吃了点老酒还是咖啡,看到小矮凳浪围坐辣海几个邻舍,当中正好有一位伊心仪个伟伟,伟伟又正好辣讲人家个桃色新闻,莉莉眼睛辣末生头亮起来:“喔唷,辩个有啥稀奇! 我初三个辰光,有个大眼睛男小畏,伊还拿一条毛毛虫,塞到我个头颈里来咪!”“侬吓哦?”“别人塞是怕个,伊来塞勿怕,而且还有安全感!”“哈哈! 葛末侬哪能呒没跟伊结婚啊?”“啊呀,侬真勿懂咪! 当时欢喜我个男囡头勿止伊一个呀!”“拣拣一大把,是哦?”“一大把我侪勿要,我看中弄堂里个小雷雷。伊买拨我吃小蒲桃,帮我用劲道咬开来，一小块一小块塞到我个嘴巴里来个！”“后来呢？”“后来，老师看中我唻！常常叫我办公室去，个别辅导我跳山羊、引体向上，有几化开心就有几化开心！天黑了我离开伊还有点侬侬勿舍唻！”“高中里，有个副班长带我去城隍庙，还有外滩公园坐辣长椅子浪，勿要忒焐心噢！”“还一道去游泳，一道去跳舞，喏，就搿能样子，蓬拆拆，蓬拆拆……”讲得做得正好入港辰光，伟伟着生头里插进来问：“侬这点事体侪告侬现在个老公也讲过哦？”“呀啐！‘现在个老公’，我又呒没从前个老公！要末是侬！”白一白眼睛以后，还是回答了伟伟个提问：“阿拉谈恋爱个辰光啊，就是谈谈搿眼呀！伊吃我吃得一塌糊涂，我个言话伊侪要听个！”一面讲又一面对伟伟眼睛眯眯，其余个听众，个个心里辣好笑，真是碰着一个“十三点”！一位老妈妈轻轻叫讲：“伊表演‘蓬拆拆’个辰光，我推扳一眼眼隔夜饭也呕出来！”

现在个年轻人可能宽宏得脱搿位老妈妈勿一样了，据说，假使侬辣辣白领个格子间里谈，侬个同事咾啥第一趟听侬讲各种十三点个故事，无论是讲自家个还是讲人家个故事，侪会劲道蛮足兴致蛮浓个。不过“一二勿过三”，当听到第四趟，大家基本浪已经可以敲定侬其实也够十三个，或许还是个“老十三”。侬个办公室同伴可以拿整个午餐辰光贡献拨侬，脱侬再做做添油加酱个“进公司以来个种种十三点新闻”个焦点回放，也勿乏是一种繁忙中个消遣。所以讲，十三点故事可以是一簇调味个花絮，辣午后个格子当中，带来一点亮色！

鲁迅小说《故乡》里向“豆腐西施”杨二嫂个十三点真叫十三点。长远勿见碰着了鲁迅：“不认识了么？我还抱过你咧！”魁劲摆好：“忘了？这真是贵人眼高!”架好伊个圆规姿势:“阿呀呀,你放了道台了,还说不阔？你现在有三房姨太太;出门是八抬的大轿,还说不阔？吓,什么都瞒不过我。”“十三点”来勿得了。所以,勿吹嘘自己,叽哩喳啦疯搭搭讲别人,也是一种“十三点”个形式。

鲁迅杂文《阿金》里个“阿金”,寥寥数笔,也是一个“十三点的搭”女佣。有“傻”个十三点,“痴”个十三点。“痴”,常常指神经兮兮、疯癫癫个搿种;以至还有淡化个“可爱搞笑型”十三点。刘晓庆 1978 年辣电影《瞧这一家子》里扮演一个柜台浪向个营业员,因活龙活现个“痴搭搭”个精彩表演,荣获伊首个成名奖第三届百花奖最佳女配角奖;潘红辣上海话电影《股疯》里做公交车售票员卖票辰光,口出妙言,举手投足侪有点妗夹夹,十三点兮兮,一上来就引来观众阵阵笑声;还有赵薇扮演个“还珠格格”,口无遮拦,还会爬屋顶,戆得可爱又滑稽,有人讲伊是标准个“十三点”,我讲只有“十二点”,尚未“出格”。

有人讲,堪称“十三点”楷模个,是影片《太阳照常升起》里陈冲演个医生,真是“当代十三点”个正式版！大腕姜文指定要陈冲打造出一个“十三点”个样板来,辣影片当中只需寥寥几笔就像了。但是我讲还是勿够“十三”,像我上面描画个“莉莉”,方才是真个“十三点”。啥人要修炼成为“标准十三点”、“模范十三点”,就去搿个秘笈中找体会哦,拜莉莉为师哦,侬就会像通过了“上海话八级考”一样。

再看“傻”个十三点:《红楼梦》里以“傻”发源个“傻大姐”,一句言话竟完成了一部书个悲剧。侬真是戆得一天世界,搿个话哪能轮得到侬来讲呢？人人看到搿搭,侪要骂伊或者笑伊:“十三点哦？十三点哦！”

带上了恶俗品质个十三点，情况就勿一样了。《红楼梦》里个赵姨娘也是“十三点”一只顶，连丫头平儿侪辣讲伊“原有些颠倒，着三不着两”。曹雪芹哪能会写到搿能介一个人？一定小辰光碰着歇搿能个“十三点”，再会得写得搿能“十三点”！侬看伊，“勿入调”到顶，宝玉辣伊脱马道婆个暗算下头，中了魔已经气息侪微了，贾政急来要命要死，贾母王夫人咾啥哭得死去活来，贾府上下乱作一团，侬看搿个赵姨娘哪能介讲？她讲出一段话来，辣旁人听来邪气“十三点”：“老太太也不必过于悲痛，哥儿已是不中用了，不如把哥儿的衣服穿好，让他早些回去，省他受些苦；只管舍不得他，这口气不断，他在那里，也受罪不安。”真是神经病！怀着恶毒个心理，辣大家万分悲痛个场合，赵姨娘居然讲搿个言话，气得贾母照脸啐了一口馋唾，骂她“烂了舌头的混账老婆”！

不过，对于有个“十三点”言话，完全勿可以用“烂了舌头”回敬，只需轻飘飘淡雅雅个“嗔怪”伊一下，搿个往往是辣面对男小囡辰光。“十三点”搿个词通常是个阴性词，多出于女性之口个，男人心里可以骂伊“十三点”，但是对了女性当面，勿大能出口回敬一声“十三点”个，否则自家也觉得自家有点“娘娘腔”了。搿个是脱“二百五”用法勿同个地方。用辣异性之间，搿个“十三点”常常会“骂”得十分暧昧。搿里就有两种非上海人难以辨别个根本性差异了。正像有个朋友网浪描写到个搿能：辣勿是鲁智深打蒋门神个“杀杀搏搏”一拳头，而是王熙凤扇琏二爷个嗲溜溜一记耳光个场合，搿个辰光先要望望骂个人面孔浪是勿是笑眯眯,要是眼睛里射来"侬哪能介肮三个啦"个光芒,拨伊骂个男人常常会骨头更加轻。再比如有一位堂堂七尺之躯、四十好几个须眉,辣大庭广众还要脱老婆缠缠绵绵,欢喜老婆叫伊两声"心肝",搿能介个男人随便啥人见了侪忍勿牢辣心里要送伊一个"十三点",但是换到伊老婆当面掼出一句"十三点"个辰光,却好像当众发拨伊一张奖状,顿时立刻伊面孔浪向交关有光。

碰到男孩子开玩笑个"过火"言行,淑女们会反弹个讲一句温柔个话:"侬好好较!"再轻一点就讲"好好较好哦?"假使男孩继续脱伊"打朋",或者来一句"侬今朝穿得老性感个末"个话,搿个女孩就会轻轻回敬伊一句"十三点!"搿个虽然多少表示有点点反感,但却是主要说明她对他印象勿错。现在个女孩是进一步了,回应"侬去死——""侬好去死了——","死"都可以讲,仿佛已经进入"十四点"了,再"落脱一点"成"十三点",岂勿倒有点"小儿科"了?不过,听到她搿能讲,语调一定是很老好听个老宽容个,外地刚刚来沪个小伙子请注意拎清:千万勿要以为伊要告侬绝交了,而是说明侬告伊个恋爱或者交情又上了一个新台阶!

不过,真骂"十三点",还是假骂"十三点",听惯了开口闭口"十三点"个上海男人自然分得清爽。当中有个度,度定辣37度,还是39度就到对方"吃勿消"、告侬"对勿起"搿一高度,完全像做新闻一样要看四个"W"。下面搿种"W",就对勿起了!

楼浪"妹妹头"刚刚的笃的笃走出门来,告"老山芋"正好撞着个对面。"喔唷,我眼面前一亮喏!小妹妹啊,侬今朝穿得老漂亮个嘛!

两根眉毛画得像林黛玉，低腰裤已经到超低唻，侬哪能介开心啊？要到啥地方去白相啊？KTV包房啊？我跟侬一道去好哦？”“十三点！”

［注解］

眼门前 ngemenxhi：眼前。 像煞 xhiansak：好像是。 勿要忒吃伊噢 vekyao tek qikyhiao：太佩服喜欢他了！ 搿搭 ghekdak：这边。 埃面 'emi：那边。 一共拢总 yikgonglongzong：一共。 人来疯 ninlefong：在人多的场合，过分地表现自己。 辣末生头 lakmeksandhou：突然。 男小囡 noexiaowe：男小孩。“囡”是“娃儿”的儿化合音。 葛末 gekmek：那么。 小蒲桃 xiaobhudhao：小核桃。 几化 jiho：多少。 焐心 'wuxin：心中舒服愉快，称心如意，得意。 蓬拆拆 bhongcakcak：跳交谊舞时的音乐和姿态，拟声拟态词。 着生头里 shaksandhouli：突然间。 吃我吃得一塌糊涂 qik ngu qikdek yiktakwhudhu：佩服喜欢到极点。 推扳一眼眼 'tebe yikngenge：差点儿。 一二勿过三 yikni fhekgu'se：一次二次总有第三次，但不会有第四次。 老十三 laoshekse：十三点的加重，仅指人，不指言行。 摆魁劲 bakuejin：摆出傲慢的架势。 叽哩喳啦 'jilizala：大声说话声。 疯搭搭 'fongdakdak：疯癫癫的样子。 十三点的搭 sheksedidikdak：有点十三点状态。 妗夹夹 'xigakgak：轻浮不持重的样子。俗写作“鲜格格”。 一天世界 yiktisyga：一塌糊涂。 一只鼎 yikzak din：最好的，程度最高的。 勿入调 vekshekdhiao：言行庸俗低级。 嗲溜溜 dialiuliu：娇娆或忸怩的样子。 肮三 'angse：差劲，令人不快，叫人失望。 好好较 haohaojiao：好好的。 拎清 'linqin：领会理解准确。 对勿起 defheqi：不理你。

垃圾股

过去有一只小品，四个姑娘一道表演说唱《说嫂嫂》；现在证券公司里一帮老太坐辣海，一道来轧闹猛，每日天来想赚点小菜铜钿，一面看看翻红翻绿，一面信口闲谈。谈发谈发，就从评股票评论到自家个“老公”去了。

乃末一位年纪看上去还勿到50岁个张家姆妈开了腔，一讲就讲勿停了，一直讲下去：

讲起阿拉个老公，真是只的的刮刮货真价实个“垃圾股”！

老实末老实得过份，呒用末呒用来出奇！

我也勿晓得啥地方搭错一根神经，年轻辰光拨伊花得去，现在拨伊套牢！我想想我卖相也勿错，长得蛮适意相，人也蛮走得出去，对哦？（听者齐声：咳，是呀！）

阿拉个“老头子”，过去辣辣厂里，叫回到屋里向，像个少爷，饭也勿烧，菜也勿买，落得我做了一个全职“买汏烧”。伊啥个也勿管，还讲“我只负责赚钞票”。

其实从前辣国家厂里做生活，脑筋勿要动个，只消听听车间里个广播喇叭绍兴戏，茄茄山河，一日实足只做四个钟头，流水线浪靠上去，靠辣国家身浪，结果脑筋越靠越笨。

现在是样样侪做勿来。勿要讲电脑打勿来，录像机弄勿来，连电灯暗脱也修勿来！

“下岗”回来以后，人家侪去动脑筋想办法，小生意做做，小摊头摆个一只，小铜钿赚点，伊是，一家头伏辣屋里，算有了只电视机，一日开到夜，看末勿看关末勿关，只会浪费电！

有一趟，伊叫铜钿拿仔一点，跟朋友一道到外地，去了好几天，两手空空回转来，一眼花露水也呒没，像出去旅游兜一圈，啥个工作也做勿成，只好闷声勿响屋里向坐了几日天。

从此以后，伊再也呒没勇气出去寻啥铜钿，侬讲伊推扳哦？连上海小男人都勿像，是上海小小男人！

人家介绍伊去做高层住宅个门卫，伊去做做看，叫嫌比钞票赚得少，责任重，辰光长，怄气煞，收发报纸搞勿清爽，做了一个月，回来咪！勿肯再去。

总算老早勒紧裤带，穟了点钞票，便宜辰光，我去买了一间房子，现在租出去，一个月也好赚个两千五租金。（听者齐声：哦！）

伊末，小菜场浪，托人弄着一只摊位，租拨拉外地人，犳能介赚赚铜钿。

伊自家，只会得，老酒吃吃，麻将搓搓，两桩事体。死辣外面，搓到半夜三更，一只电话打转来，叫啥勿来睏觉了！

依讲辩只老头子，阿有出息？

自家呒没出息，伊讲自家弄勿好了，指望“小出老”有点出息。

所以伊盯牢仔个儿子折磨。伊讲，我已经拨侬看煞，是“垃圾股”，我一定要叫儿子成龙，成为“绩优股”、“潜力股”！乃末勿得了！天天盯牢伊读书读书再读书，考证考证再考证。测验考试勿好勿及格，一勿及格就要吃耳光打屁股。后来啥个前几名咾后几名，一勿来三就要骂煞快！再穷也要买教辅请家教，千叮万嘱勿许谈恋爱，脱我好好叫读书，第一步只许做个“原始股”，勿准搞七廿三！一定要读大学读研究生考到外国去，讨个漂亮标致个新妇回来，振振家声。赛过自家读勿着书，要儿子一道代伊全部读进去，真是“作”煞！

要儿子去做“绩优股”，自家末，还是麻将搓搓，嘻嘻哈哈，甘做“垃圾股”！

垃圾股归垃圾股，着生头里啊，出了一桩事体。

张家姆妈一趟汏浴辰光，一摸肚皮发现有一个硬块。第二天，她就叫了老公一道去医院做了种种检查。一查下来讲作兴是恶性要马上开刀，辩叫真急坏了伊个老公！乃末伊发动了伊脑子里个全部神经细胞，寻到所有伊能寻着个亲戚朋友，去借钞票凑铜钿，拣佛烧香，请好了名医开刀。肿瘤比较大，开到一半，失血过多，需要马上输血，但是医院血源紧张，后接鲜血要稍等片刻。伊马上床浪向一躺，要求抽血拨老婆，再多也尽管抽；又叫儿子考试也勿要管了，限时限刻哪怕坐飞机也板要报到，上床验血型，儿子个血型正好对上，救了母亲一命。结果诚情感动菩萨，化验下来是为良性，阿弥陀佛，上上大吉，伊总算睏得着觉了！以后伊又勿相信护工，亲自每日辣医院病房里陪了老婆七七四十九天。

从此，再也呒没听到过搿位张妈妈喊伊个老公为“垃圾股”！

［注解］

铜钿 tongdhi：钱。 谈发谈发 dhefakdhefak：谈啊谈的。 的的刮刮 dikdikguakguak：确确实实，完完全全。 搭错神经 dakco shenjin：说人神经错乱后言行失常。 花得去 'hodekqi：诱惑去。 套牢 taolao：股票贬值不能抛；人被婚姻束缚住。 卖相 maxian：面相，表面样子。 适意相 swkyixian：样子看上去舒服。 咳 hhe：是啊。 买汏烧 madhasao：家庭妇女，买菜、洗菜、煮菜。谐音“马大嫂”。 茄山河 ghasewhu：谈山海经，闲聊。 伏 bhu：呆。 花露水 'holusy：噱头，花头。 推扳 'tebe：差劲。 嫌比 yhii：嫌。 厌气 'yiqi：闲着无聊而感到寂寞。 積 shou：积聚。 小出老 xiaoceklao：代称儿子。 绩优股 jikyougu：喻发展前程好的男人。 潜力股 xhilikgu：喻有发展潜力、有辉煌前途的男人。 来三：lese 行。 好好叫 haohaojiao：好好地。 原始股 nuoesygu：未谈过恋爱的纯情男孩。 搞七廿三 ghaoqikniese：胡缠，乱搞一气。 赛过 segu：好像。 作 zok：闹别扭，折腾。 着生头里 shaksandhouli：suddenly，突然。 一桩 yikzang：一件。 汏浴 dhayhok：洗澡。 肚皮：dhubhi 肚子。 作兴 zokxin：也许。

退招势

乌漆个木板大门，一对铜质个吊环，粗实厚重个花岗岩门框，横眉下边缘刻成圆角，倒扣辣门框梃之上。进门就是一只天井，是屋里采光脱活动个地方，现在一旁边搭起了雨棚，新新旧旧十几部脚踏车停放辣海。搿座楼浪向，住辣海九家人家。

著名歌星周璇唱过搿能一首歌："粪车是我们的报晓鸡，多少声音跟着它起。前门叫卖菜，后门叫卖米。哭声震天是二房东的小弟弟，双脚乱跳是三层楼的小东西。只有卖报的呼声比较有点书卷气……"

生活空间个挤轧，搿搭发生个一点点声音，隔壁对过侪可以听得清清爽爽，大家好像侪勿会有啥隐私空间，各家人家电视机侪开得闹闹猛猛。

方家脱李家是贴隔壁个老邻居。为了采光，两家相隔原来有一段玻璃长窗，现在双方侪装好简易塑料窗帘，收拉自如。

石库门里呒没汏浴间，汏浴成为大问题，平常大家侪辣厂里个公共澡堂解决，一礼拜去一趟马路浪经营个大浴场，汏个痛快。只是到了炎热个夏天,呒没办法,只好用一只大个浴盆,摆辣房间里坐进去汏一把。人坐辣木盆里,是辣辣"蘸酱油",一眼眼水哪能汏得清爽?也无可奈何像搛块肉摆辣盆子里搿能酱油蘸蘸,差别只在于一个盆小一个盆大一眼。

小方已经升高三快了。一日夜里,伊正坐下来预备做功课,只听得隔壁房间里稀里哗啦个声音,伊从窗帘一个角浪向望过去,看到了一个女人个身体,模模糊糊,是李家姆妈。搿个辰光父亲正好闯进房来弄出老大个声音,小方个举动就拨隔壁李家姆妈发觉。父亲看辣眼里,当场厉声叱骂:"看人家汏浴,侬搿个人是人哦?侬退招势哦?我一家门个台侪拨侬坍光味!"撩起来就是重重一记耳光!"传出去,我脱倗娘还要辣搿个石库门里做人哦?侬自家要做人哦!"母亲回来晓得了搿种退招势个事体,也接辣海骂:"阿拉两家是30年个老邻居啦,侬叫我还有面孔去见李家?退招势啊,退招势啊!侬今朝昏脱啦?"讲到一半就呜呜咽咽哭起来了。小方老早已经清爽今朝退招势退到无法挽回,胆战心惊,吓得一个夜里觉都呒没睏着。

隔壁搿位李家姆妈,也是觉着退招势啊退招势,大大叫退了招势!哪能会得搿能疏忽,居然窗帘呒没拉好,弄得搿能尴尬难为情!

第二天个下半日,辣辣弄堂门口,伊碰着从学校放学回来个方家小弟弟。

"你哪能可以偷看!"

"我……"

"你哪能会来偷看?"

"我勿晓得——"

17 岁个小方是勿明白，自家是哪能会得鬼使神差搿能做个。现在伊已经清醒过来，伊真想寻个地洞钻下去。平常阿姨对我介关心，我哪能会……？哪能可以……！

然而，事体到底呒没传出去。

小方保送进了复旦，辣搿条消息传递神速个石库门弄堂里，伊拨众邻居评为翘楚。伊个宿舍里侪是各地来个保送学生。搿种拼比使伊觉得精神邪气紧张，伊总是觉着上海学生比勿过外地来个学生来得用功肯掼辰光，乃末伊常常寻个安静地方死下工夫。伊辣做功课辰光，有常时会冲动起来，搿个辰光居然脑子里总会闪过一个过去个镜头，接下去就是刮过来一记响亮个耳光，乃就是耳朵旁边个"退招势！退招势！……"辣辣伊个记忆里向，搿个一记是伊父亲刮过来个最重个一记，作兴也勿是，小辰光生活吃得哪能样子个侪已经忘记光了。

当伊放松以后，伊又一门心思投进了繁重个功课。人家有喔克曼，伊也勿买；人家升级 MP3，伊因为屋里条件勿大好，也勿去赶热闹。伊只是买了一只过时个手机，弄了一只二手货个电脑，夜夜伴辣电脑边。周末回到屋里向，李家姆妈依然热情，对伊是更加关心，问长问短。

几年后一个碧蓝个、天空挂满朵朵棉花云个中浪向，一封信送到小方手里，搿个是美国伯克利加州大学个录取通知单，还有获得全额奖学金个证明书。

亲眷朋友，还有伊小学、中学、大学个男女同学，轧满一房间，侪是来欢送伊去虹桥飞机场个，邻居轧闹猛也轧勿进来了。娘舅弄来了一部中巴,大家一道嘻嘻哈哈帮伊拿箱子行李侪搬上去,还再三问伊有勿有物事忘记脱。小方呆辣海,像有心事,伊突然从车子浪跳了下去,伊急急忙忙赶回石库门屋里,爬上狭狭个60度个扶梯,走到李家姆妈个房门前。伊立停了,却呒没敲门。

石库门房间个走道常常是阴暗个,石库门个天井里落起雨来滴滴落落格外个响,石库门扶梯个木档角角落落侪摸得光滑发亮,搿个辰光,小方觉着石库门里个老虎天窗也好像分外明亮。

辣门外默默立了两分钟,伊呒没敲门,伊走近了,又胆怯了。终于转过身来,想下去了。正辣伊调头之际,门"呀"个一声开了,李家姆妈笑容满面,走到伊前面来。"李家姆妈,我要走了,我来向俤一家……""小方啊小方,恭喜侬到美国去深造! 侬为阿拉石库门争气!"李家姆妈从五斗橱浪双手拿起一本书交拨小方:"小方啊,我送侬一本《上海话大词典》,喏,拿去……侬搿能一去,乃难得见到侬了。侬要千万记牢:勿要忘记生你养你个地方! 侬拿着了博士学位英语讲得再好,也一定要回来,侬是一个上海石库门里长大个小囡,我是一日一日看牢侬长大个。阿拉望辣海,等侬回上海来,噢?"

突然之间,李家姆妈个脑子里跳出了一个童年个小方方,伊小辰光辣一盏15支光电灯泡下头做功课个模样。

伊眼前闪过小方姆妈教伊写名字辰光个镜头,把牢伊个手,头也抬勿起,一笔一笔个写过去。

伊闪过一日天自家教小方方"识钟"个景象,五分钟里就学会,伊高兴个告诉小方妈妈搿个小囡真聪明!

伊闪过了小方方跳跳蹦蹦，从幼儿园里回转来个可爱形象，哩哩啦啦个辣唱“啦啦啦，啦啦啦，我是卖报的小行家”。

伊曾经多次辣小方父亲面前称赞掰个孩子做事体从来有始有终。

伊常常看到小方拿了一本书低了头辣掰条断头个横弄堂里走过来走过去朗读背书。

伊看到过小方辣数学竞赛中获得全区一等奖辰光阳光下头个灿烂笑容。

伊细细读过小方一篇登辣《六省一市作文竞赛获奖作文集》浪向个获二等奖个作文。

伊记得小方拎了两大袋新买个交关重个书弯了背走进弄堂个身影，就像闻到伊马夹袋里书卷个清香。

伊耳边响起小方正辣变声个喉咙辣辣大声个讲今朝政治掰种考试我一路背上去做到“‘的’字勿漏”！“依拿自来水也带去考试么?”“我讲个是‘字’，勿是‘水’，一个‘的’字也勿会少答。”

伊听到过小方讲，我数学考试总归要验算两遍，勿懂可以学，粗心是素质问题勿可原谅。

伊看见过小方因为体育分数有几趟勿及格急得满头是汗走投无路个愁容！

小方呒没缺点！伊真呒没缺点个！

[注解]

部 bhu：辆。 脚踏车 jiakdhakco：自行车。 清爽 'qinsang：清楚，干净。

闹猛 naoman：热闹。 汏浴 dhayhok：洗澡。 礼拜 liba：星期。 搛 'ji：夹。 一家门 yikgamen：一家人。 下半日 hhoboenik：下午。 乃末 nemek：于是。 有常时 yhoushanshy：有时候。 乃 ne：然后。 亲眷 'qinjuoe：亲戚。 轧闹猛 ghaknaoman：挤在热闹和大家开心的地方。 娘舅 nianjhiu：舅舅。 调头 dhiao dhou：回过头来。 喏 'nao：给你。 乃 ne：这下。 噢 'ao：听见吗、答应吗。 姆妈 'mma：母亲。 一日天 yiknikti：那天。 识钟 sek zong：认识钟点。 马夹袋 mogakdhe：形似汗背心(汗马夹)的盛物的薄塑料袋。 总归 zonggue：总是。

牵丝扳藤牛皮糖

首先是“牵丝”。传说，一对男女，走到一道成眷属，是月下老人辣牵线，一根红丝线，重要之极。牵得到，哪怕牛郎织女；牵勿到，无奈宝玉黛玉！所以40年代“的笃”明星支兰芳辣一场伤心倒悬至极个悲剧戏《恩爱村》个“叹五更”当中瑞能咏叹：“月儿好像对人笑，他笑天下夫妻少恩爱。月儿虽缺会重圆，恩爱夫妻倒分开！既然分开何必配，配成姻缘何必要分开！月下老人也太忙，姻缘簿上要更改，姻缘簿改得看不清，应配李四反而嫁张三，颠颠倒，倒倒颠，夫妻怎样会恩爱？吵吵闹，闹吵吵，夫妻怎么会不分开？今天同你来分开，明天又同别人配，他把姻缘当儿戏，随意小酌家常饭，姻缘簿变成流水账，这种姻缘是真可悔！”

月下老人作兴老了免勿脱有点糊涂，一勿当心就“要更改”，但是人间瑞种“丝”也实在忒过于微妙，连月下老人也大伤脑细胞，一个恍惚，就会拿丝牵乱脱，成了瞎“牵丝”。烦请大家原谅三分，人家理比丝粗得多个绒线，还要像看月老姻缘簿瑞能，绕来弯去理勿清辣海！

责问归责问，乱牵丝自乱牵丝，人间缘分，本来杂乱无章，缘分缘分，缘了分，分了圆，也勿晓得搿根细丝牵得灵勿灵对勿对，只好去请教李银河，哪怕李教授开出了像GRE个“标准答案”，网浪向还要争得一塌糊涂呢。

月老姻缘簿浪也有迭个“性”咾伊个“性”，就是独缺“阶级性”。张太太，长年吃素念佛，却勿等于呒没七情六欲，伊个儿子二少爷，长得一表人才，讲是遗腹子，只有鬼会得相信辣海，人家来看看相，就辣暗头里传开来，还勿是伊个男佣人徐时来得伊牵丝牵来个？

一旦牵了丝，就少勿脱或者讲十之八九要“扳藤”个，侬只要看我天井里种个“喇叭花”，又称“牵牛花”，一定是“牛郎”或者“唐明皇”个种，一根丝一牵到一根篱笆竹浪，马上就“扳藤”过去，要是有根绳子帮伊一把，爬藤爬到四五层楼高也勿辣话下。还有一种野生个“攋攋藤（又写作‘拉拉藤’）”，牵丝又扳藤，扳藤扳来扳去又“攋手”，攋牢侬就是勿放，攋得侬吃勿消，勿晓得野种居然介结棍！“牵丝”老是甩勿脱个话，慢慢叫就变成“纠缠”，所以“牵丝扳藤”一开始个意义，就是“缠绕勿清”瞎“纠缠”。

搿个徐时来，到仔换了新天“翻了身”以后，还是要来“扳藤”，人家已经“咸与维新”放侬翻身了，伊还要来“拜访”老主人，一趟又一趟，纠缠勿清，搿就麻烦煞了，派出所就辣辣弄堂隔壁。搿能勿爽快，也勿看看三四，现在是啥个辰光了？就像攋攋藤拉个藤，拖拖拉拉，甩也甩勿脱，何时得了！

“攋攋藤”遭遇秋末，节奏也慢了，原来一周来牵丝一趟，后来就一个月甚至三个月来看望看望了。所以“牵丝扳藤”就有了一个新义：

拖拖拉拉，勿爽快。搿能介磨磨蹭蹭个拖，啥人吃得消？伊便成了一个贬义词："我要叫侬帮我个忙，救我个急，侬就牵丝扳藤一直勿来，搭啥架子！够朋友哦？"

"牵丝扳藤"，扳得疲脱，弄得人家厌了，再拖啥个拉！乃末只好放长线了。不过因之"老油条"、"兵油子"个关系，此心还是勿死。谁又知，连月老也缠勿清翻勿到旧账辣阿里一页，懊悔自家为啥勿先建个"百度"，居然搿位老太倒"时来运转"转了心，是受了孙女个启发了哦？到末脚伊拉两个人又"牵丝扳藤"起来，搿根"丝"弯来弯去，就勠麻烦月下老人去翻老账根建新个"定活一本通"了，七转八弯个"丝"，长到干脆去荣登"大世界基尼斯"记录簿算啦！而且变成"牛皮糖"，黏牢了勿放，辣延中绿地，辣金茂旋转厅，黏辣椅子浪了，拖拖拉拉个，慢吞吞个步履，彼此拖牢仔勿放了，"牵丝扳藤"成了"牛皮糖"，缠到牵牢扳牢再加黏牢仔勿放个地步，一级了！不过现在流行老年恋爱做伴勿登记，所以已经做了总经理个二儿子再三叫伊拉去登记，伊拉两家头到今朝还拖拖拉拉呒没商定辣海！搿个一家人侪辣辣想：喔唷，搿场婚姻真是"牵丝扳藤牛皮糖"！

[注解]

作兴 zokxin：也许。 结棍 jikgun：厉害。 煞 sak：极。 爽快 sangkua：干脆利落，痛快，不拖拉。 看三四 koesesy：开情况灵活处事。老油条 laoyhoudhiao：历事多或阅世久后推拨不动、不听劝诫。 末脚 mekjiak：最后。 一级 yikjik：最好。 伊拉两家头 yhila liangathou：他俩。牵丝扳藤 'qisybedhen：又写作"牵丝掤凳 'qisybeden"。

好户头

“户头”搿个词，来自商业社会，上海曾经是一个国际金融中心，所以独多个“户头”。做生意，商行账簿浪要列出有账户关系个对方名称，就要立一个“户头”，银行存款，也要开只“户头”，呒没“户头”，商业社会简直呒没办法存活，连我现在要告朋友打“QQ”、通“微信”，一开始也要看看啥个“户头”有信息来了。“户头”为啥勿叫“户子”，搿个是因为上海人原来一个人养出来取个名字叫取个“名头”，一个公司，也有一个“名头”，一块招牌，也叫“牌头”，后来再叫“牌子”。

“户头”搿个词，后来就慢慢延伸到大家个日常生活里去，辣上海，商业用词扩展地盘，变成生活用词是邪气多个。“户头”后来就用作指“人”了：“搿种户头，呒没人要个，是推扳户头，嫁勿出去个！”要死，拨伊看得一钿勿值，人家要气得吐血！还有一种“好户头”，是大家侪欢喜脱伊拉接近个人。

搿种“好户头”，得伊接触只会对侬有好处，呒没危险性，用勿着防一脚，假使侬一勿小心得罪了伊，伊都会“吃进”，反过来得侬讲：“呒没关系个,勿搭界个,勿碍勿碍,勿要紧个!”侬只得罪伊一句,伊可以一而再回侬四句,侬看伊“好户头”勿“好户头”?

“好户头”最好个性格,就是待人随和。“好户头搭煞”,就是掰个人平常响末勿响,人家欺负欺负伊,伊也勿会反抗,勿再展开矛盾,也勿去为自己个利益多做争取或者争先恐后。

“好户头”就是“好商量”,是容易打交道个人。伊“好白话来死”,叫他帮个忙,伊还怕晏了一点去,影响了别人办事体。

“好户头”脾气好,待人厚道。伊个人品,有六个字可以形容:老实,善良、肯干。“老实”咾,就勿得会钻营;“善良”咾,伊看出去侪是好人;“肯干”咾,常常充当“老黄牛”。伊事体多做,闲话少讲,牢骚勿发,回报勿计较。

“好户头”一团和气,与人无争。掰种人交关谦虚,有大气量,吃亏一点当伊福,评先进让拨人家,有好处让拨人家,人家有困难了,就像伊自家个事体。

“好户头”勿欢喜计较,凡事让人三分。有辰光简直有眼“木啯啯”,人家侪辣抢啥利益,伊还神志无主,缩辣最后头,勿去争掰个便宜也罢。社会就是由掰些好户头支撑起来个。社会浪需要好户头,反过来,侪像有个人掰能,事体勿做,见困难就逃,牢骚满腹,发个勿完,眼高手低,败事有余,掰个社会就会乱成一锅粥。

“好户头”常常会来“和稀泥”、“淘浆糊”。单位里为了一桩事体大家争得面红耳赤,难分雌雄,以致弹眼睛,扯胡子,摊台子,好户头就出来讲一句:大家半斤八两,侪有道理。侬看,伊就是介“无聊”,弄得两面侪得罪光。

所以有人就要讲伊是“和事佬”、“好好先生”、“老好人”，言下之意是伊只求相安无事，是非曲直勿顾。“让人家辣当中间做恶人，伊倒充好人。”

调和矛盾好勿好？要看有勿有“是非曲直”，辣强调“斗争哲学”个社会里，有辰光一点点小事体侪强调成是非矛盾，侪要上纲上线，勿搿能勿过门。但是辣群众社区、家长里短当中，大量个矛盾勿但勿好上纲上线，而且应该提倡“和谐共生”，搿搭里需要更多个“老娘舅”。“老娘舅”善于调解矛盾，调动各种积极因素，就是一种润滑剂，为了消解勿必要个矛盾，勿积聚更加大个矛盾。所以面对现实矛盾，搿搭里有个做勿分是非个“老好人”，还是做分清是非又解开矛盾个“老娘舅”个界线。“好户头”面临两者选择。

“好户头”勿去争个高低，乃末就要拨人家“好吃吃”。或者讲，“好户头”就意味“好吃吃”。“勿吃白勿吃”，吃了利自家。搿能一来，“好户头”老实的搭，就要拨人欺负，叫“好马拨人骑，好人拨人欺”。哪能欺？叫他去做顶苦个生活，最勿好计报酬个事体，有些人勿是省油个灯，勿会同意去做，伊就一口答应，冲辣前头。所以单位里总有一两个“好吃户头”，好商量个，领导讲搿趟奖金、职称侬暂时让一让，拨了别人，下趟考虑侬。听了“考虑”两字，他已经邪气感激，感激领导一直拿伊摆辣心里，搿趟是有点麻烦，摆勿平。侬看看，领导只一句话，伊心里会自家去感受领导个言下之意，一直发挥下去！领导一定觉着搿能样子个人，伊小辰光一定是班级里向个“小绵羊”，容易对付。当然伊也最容易受骗吃药。

到了非常时期，“好户头”就要大倒其霉，因为搿个辰光是专门培植“坏户头”个，看得多了！辣“文革”时期个1979年秋一天，我辣伍牙山浪放牛，立辣一个山坡上浪，望到一大片年轻个板栗树，板栗正熟，辣阳光下头熠熠发光，再看林场某住户自留地里个葡萄树，颗粒无余，两相比较，感叹之余，写下一篇《吴山葡萄》个短文：

吴山之麓葡萄架畔新植板栗者。一日，葡萄叹而谓栗曰：“羡君刺多而有幸也！”对曰：“何哉？”葡萄曰：“君不见予茎蔓纵长，翠叶如云，岁岁初生之实亦众，惜若昙花，一现而皆不至其终矣。”对曰：“如何不终？”复曰：“予初生之实晶莹可爱，滑溜似琼珠，虽味酸然为稚童所喜，未之熟早已入腹矣！夫君尖刺其裹实，初生犹坚涩，熟后方有味，是以终实之老而可获耳！”

苍梧子曰：“世人有美质无尖刺坚涩者，其如葡萄乎？”

辣搿个年头，“好户头”就像“吴山葡萄”，一个个打得落花流水！

[注解]

独多 dhokdu：特多。 推扳 'tebe：差。 欢喜 'huoexi：喜欢。 防一脚 bhangyikjiak：有所防备。 假使 jiasy：如果。 都 'du：竟。 吃进 qikjin：被迫收进。 勿搭界 vekdakga、勿碍 fhekngе、勿要紧 vekyaojin：没关系。好白话来死 haobhakhholexi：非常好商量，好打交道。 晏 e：晚，迟。 老黄牛 laowhangniu：辛辛苦苦、负重工作的人。 木啯啯 mokghokghok：手脚不灵活，头脑麻木。 神主无主 shenzywhuzy：头脑糊涂，不清醒。 掽 pan：用力拍碰。　半斤八两 boejin baklian：一样。　好好先生 haohaoxisan、老好人 laohaonin：不分是非、谁也不得罪的人。　有辰光 yhoushenguang：有时候。勿过门 fhekgu men：不罢休。　乃末 nemek：于是。　好吃吃 haoqikqik：音老实儿易被人常欺负。

人来疯

侬勿要看老大现在是几化“内向”，搿个是拨拉“文明”引导出来个。其实伊小辰光勿搿能样子“文雅”个，从小就是个“人来疯”。

小辰光呒没人教过伊，伊就会得“人来疯”。老大想搿个一定勿是一种“疯病”，是自家忒纯洁了，忒无忧无虑啦。爸爸妈妈欢喜伊，叫他表演一只节目，伊总归羞答答羞答答，像呒没半点胆量，但是新年里向人来得多了，勿晓得啥个缘故，就开始“人来疯”。先是从门边浪到台子边浪，奔来奔去转圈子，开心得勿得了，像大家侪脱伊带来糖了一般。后来居然脱舅妈拉个陌生小囡，一道横冲直撞，冲到门外头去了，开心之极，拨伊娘拖回来坐好，又熬勿牢停勿住，啥侪表演出来。姆妈看了后就搿能来了一句，对亲眷介绍：搿个人就是人来疯！

阿大想，我弄勿好了，一脱缰，就“人来疯”，惹人讨厌，心里又偷偷叫担心，恐怕自家生了一种“人来疯”个毛病。后来看看人家个小囡比伊还要“人来疯”个也有，伊也就心安理得了一点。比如伊有一个表弟，平常讲言话老是结结巴巴，口吃厉害，一到“人来疯”个辰光，吵啊闹啊要吃酒酿圆子，就叫表弟先节目表演三只，伊居然表演了五只，大家侪来看伊，人越多伊越起劲，讲得老顺个，哪能一眼也勿结巴了？

后来人大了就去研究一下，有人告诉老大，搿个是叫啥“广场心理效应”，要到心理学书浪去翻个，又有人讲，人群一多，肾上腺素就加速分泌，人就要亢奋，搿个应该是心理生理双头并进，怪勿得搿点明星，台下头看个听个人一多，就唱得演得特别 high，越剧明星姚水娟辣下面观众轧足输赢个场合，即兴发挥“我为他……”，一为就为了他 18 句排比。到了录音棚里，录出个音，尽管准备充分，也未必老嬗。后来又有人用弗洛伊德定律来论证，讲关键就是人侪有一种“表现欲”，千方百计寻机会来表现自我才华，引起人家个重视告称赞，一有生人熟人上级朋友外宾内宾降临，就着实表现一番，乃末交关灵感以至新个发现就搿能介“疯”出来了。

所以后来老大就心安理得了，又常常发起“人来疯”了。有一趟“政治学习”，本来蛮好个辣学习《哥达纲领批判》，大家侬一句我一句随便讲讲，他一听觉得人家侪勿得要领，一看人交关，就一股暖流辣陌生头涌上心头，洋洋洒洒讲了一通，看看有人辣点头，越加激动万分。后来掌握会议个头头马上就宣布散会，会后告诉伊，侬讲过头了，批判批判，只有马克思可以批判哥达，侬哪能瞎七搭八去批判？侬现在只好参加大批判，批判“右倾翻案风”！

又有一次“人来疯”，看见上级领导厂长、工程总办公室主任、老工程师代表侪下基层关心来了，有啥问题，做到有问题勿过夜。领导讲了长长 20 分钟，接下来个辰光听听大家个意见。老大一看介许多个人侪像要讲,又想要来表现表现自家个明察秋毫了,熬勿牢了。搿个辰光叫伊肾上腺素勿要分泌伊偏要激增,乃末伊拿基建部里个啥个啥个毛病统统搬到台面上来了。老大本当想听听厂领导对搿些问题哪能讲法,指点指点解决个具体办法,因为搿点问题勿但本部门有,别个部也交关普遍。但是接下去发言个人,勿晓得哪能,侪摆起了成绩,只是一眼小地方还有一两点缺点。老大一想,对呀,阿拉个工作本来是九分成绩一分缺点嘛,否则介大个工程哪能会一点点打造起来?阿里像我只讲缺点,侪是缺点!只怪我又是口无遮拦"人来疯"!

后来老大也勿管搿种闲事体了。他就跟了年轻人出入KTV。他听年轻人唱得起劲,歌声是介曼妙,由勿得也像小辰光一样蠢蠢欲试,"俤勿要当仔我只会吃饭,我也来两首拨俤听听。"乃末伊辣自动选歌机里歌一只只打下去。辰光一到,老大就从唱《秋水伊人》、《夜来香》、《何日君再来》一直唱到《秋天不回来》、《那一夜》、《你的选择》、《等一分钟》,搁落三姆亨八冷打一塌刮子唱个痛快,推板一眼眼做了个"麦霸"。伊马上讲:我是"人来疯"了,忒来劲了,因为俤侪辣点头,侪是我个知音。还好年轻人看老大介会唱,也老"懂经"个,也就原谅了伊。

不过,最近一趟老大又丢人现眼,又憋勿牢来了一记"人来疯",伊想自家出丑也出惯了,随伊去歇!万万想勿到,搿趟倒总算"疯"出成果来了。伊老是要搭上同一个轨道车,也勿晓得为啥,搿记上面检查团又来了,伊就是看勿惯,又提意见了,而且心血来潮,拿一个部门个问题兜底翻,伊看到下面交关人连连点头,就更加扎劲,讲得眼泪水也溚溚渧！事后勿久，东窗事发，一日下半天，老大亲眼看见两个腐败分子贪污犯拨有关部门戴上去 808 走了。

[注解]

几化 jiho：多少。 台子 dhezy：桌子。 舅妈拉 jhiumala：舅妈他们。亲眷 'qinjuoe：亲戚。 偷偷叫 'toutoujiao：暗暗地。 讲言话 gang hheho：说话。 赞 ze：很好。 辣陌生头 lakmaksandhou：突然。 瞎七搭八 hakqikdakbak：说话胡乱拉扯。 介许多 'ga xudu：这么多。 起劲 qijin：有劲。 由勿得 yhoufhekdek：不由得。 当仔 dangzy：以为。 搁落三姆 ghokloksem、亨八冷打 'hanbaklandan、一塌刮子 yiktakguakzy：统统。 推板一眼眼 'tebe yikngenge：差一点儿。 懂经 dongjin：精通，时髦。 一记 yikji：一下。 搿记 gekji：这下。 兜底翻 'doudife：从底里起把东西统统翻出来。扎劲 zakjin：来劲，有劲。 溚溚渧 dakdakdi：充满了液体在不断滴下。 808 baklinbak：手拷，取其形似。

跟屁虫

自从有了网络以后，虫儿们得以平反，勿管是老虫还是小虫，个个成了宠物，形象生动。老虫开始可爱之时最早，早辣40年代迪士尼画出了“米老鼠”，到跨入2000年时，小虫子也可亲起来了，人们还特意命名了“千年虫”，还嫌虫子不够足数，网友们自家也加入虫个队列，拿自家封为“网虫”。

不过，小虫辣当年还呒没翻身个日子里，其名声实勿足道，诸如“懒惰虫”、“馋痨虫”、“磕头虫”，侪勿是啥好东东，搿个辰光还有一种叫“跟屁虫”。

当然，辣上海话个詈语当中，骂“虫”本来并勿是骂得老重个。最轻个骂人，后缀是“人”，像“懒人、柴草人”；再进一步就骂人身浪个一部分，就是人个某个器官，像“头”、“皮”、“骨头”生坏脱了：“杨树头、寿头”，“厚皮、赖极皮”，“软骨头、贱骨头”；再后来就骂“种”了，就是搿个人个“种气”基因本来就勿好，像“忤逆种、杂夹种”；骂得深个，要追究他个“坯”、“模子”，就是讲还呒没进窑辰光就已经坏个，像“强盗坯、下作坯”,“小刁模子、煤饼模子”;接下去就骂人是一种蹩脚货,勿屑一顾,像“缩货、垃圾货”。再接下去,是拿人骂作“虫”。“虫”以后还多辣海呢,像“狗”:“疯狗、赖皮狗”,现在狗也平反了。最坏个就是这个人变成“出老”,成“鬼”成“精”成“星”了,像“枪毙鬼、讨债鬼”,“败家精、马屁精”,“丧门星、白虎星”。由此看来,原来拿人骂作“虫”,其詈骂级别并勿高。

“跟屁虫”是辣嘲讽一种人,阿拉辣小学里,同学之间调侃,拿有个人称为“跟屁虫”。跟屁虫个特点,就是“老是跟辣别人后头”,我走到阿里,伊也跟到阿里,形影勿离;我做啥,他也跟辣海做啥;我讲啥个话,他也讲啥个话。以上几种,只要含有其中之一,就叫伊“跟屁虫”。

“跟屁虫”为人还是老随和个,勿会脱侬作对,勿会脱侬“别苗头”,勿来脱侬捣蛋,也勿会走到侬个前头去,抢侬个座位,对侬呒没任何威胁,而且还老愿意拿侬奉作神明。但是假使跟辣屁股后面,侬做啥,伊也做啥,有常时勿免觉着老好笑,老讨厌。

“跟屁虫”有两大特征:一不走到别人个前面去,所以自家可以省得思考;二是跟辣别人后面,利益可以分享一点。

有个“跟屁虫”也蛮满足于自家做“跟屁虫”,前面个人笑伊:“侬做啥老是跟辣我个后面,做我个一根尾巴?”伊就笑笑离开了,过了勿久又跟了。

“跟屁虫”现象,多得勿胜枚举。尤其是辣统一一切个年代。人家穿起“中山装”代表一种身份,他也豪燥做起标准中山装来;人家外穿一件针织腈纶衫,她也快点去排队买着一件拿热闹凑起来;侬着啥个颜色,伊也买啥颜色穿。葛咾一时个“灰蚂蚁”、“清一色”,作兴就是搿能介跟出来个。

“跟屁虫”跟风顶快,人家去炒股了,伊也马上跟上去炒;人家炒啥个股票,伊打听着以后也跟上去,或者跟几股辣人家账浪。人家到啥“韩国美容店”去美容,打造面孔做人造美女,伊也紧紧跟上,去读大学前纷纷去“美容”,寻工作前夕,考证考得再忙,也勿忘记赶去“打造”。

伊个脑袋一直勿善于思考,所以他一勿会得创造,二勿会得跟得老好老正宗,三永勿会清醒。

现在是,侬造高楼,我也造高楼,造得水泥森林遍地开花;侬养狗狗,我也养狗狗,养得大狗小狗,天天脱人一道晨练;侬学外国,我也学外国,伊根本勿懂外国,名为“接轨”,好处学勿来,专门学人家坏处。跟辣人家屁股头,勿会跟人家平等。跟风还要跟豁边,比如电影票价比人家还要高勿少。

“跟屁虫”生就个跟人心理,黄鱼脑袋,勿跟人伊就勿快活,跟了人就会得有好处,后来有个人慢慢拎清了搿条“门槛”,就是跟辣重要人物个后面,跟得紧,人云亦云,讨好拍马,趟趟马屁拍到要害处,勿久伊就拨拉上级看中,任秘书,任副某长,搿个辰光,伊小学里养成个跟屁习惯得到进一步提升,就是决勿走到前面去,形影勿离上级,乃末,跟牢领导讲套话,即使也有点突破,也就是拿言话讲得更加甜点,从“跟屁”到“拍屁”,直到拍得上级“浑淘淘”。紧跟上司上级个辰光,为了爱护领导起见,怕领导拎个包忒重,或忙于对付大事而常怕伊忘记脱落脱,就脱上司拎包,拎得屁颠屁颠,现在新派小朋友们脱伊拉辣上海话里向定度了一个雅号，叫“跟包”，就是“跟辣后面拎包”个双音节化缩写版。

［注解］

老虫 laoshong：老鼠。　种气 zongqi：品种。　别苗头 bhik miaodhou：比高低，争风头。　豪燥 hhaosao：赶快。　豁边 huakbi：出格，越轨。　黄鱼脑子 whangnnaozy：脑袋糊涂，记性糟糕。　拎清 'linqin：想明白。　浑淘淘 whendhaodhao：头脑不清醒。　常怕 shanpo：生怕。　落脱 loktek：丢失。

小狗勿上大宅基

一只小狗，一直生活辣小宅基浪，只有几家人家，伊从来呒没到过大个宅基，埃面有几十户人家住辣海。小狗从来呒没经历过大世面，陌生人一到小宅基来，它俨然是宅基浪个守护者，汪汪汪大叫。因为宅基浪忒宁静，从来呒没啥个风波，一点点小事体，伊就当伊大事体，一两个陌生人走过，伊就当仔是贼是强盗，是破坏者，伊就首先叫破宁静。

为啥呢？小狗伊从来呒没到过大宅基，伊也勿屑去上大宅基，伊认为伊辣搿搭已经老适意，而且就是伊辣搿搭好称王称霸。

伊勿晓得大宅基浪个生活是哪能样子个，伊当仔像伊过一日撞一日钟一样个。伊也呒没脱大宅基浪个众狗打过交道，伊勿晓得大宅基浪人来来往往是老多个，根本用勿着像伊搿能看见一二个外来个人，就要搿能介大惊小怪“五斤吼六斤”。

“小狗”从来勿上大宅基，所以伊眼界小，有常时伊个想法交关幼稚，讲出言话来会老戆个。辣六十年代辰光有一趟，一个大学个大领导,脱教师学生作报告,伊讲外国人到上海,看见阿拉小摊头浪辣油馒里氽个"麻球",就邪气勿理解,伊拉奇怪,就问:"搿个黑个馅头是哪能会到皮个里向去个?"倗看看,阿拉个"麻球"做得几化好,连外国人也研究勿出来!搿位领导当仔外国人个个侪是像伊一样个戆大阿木林。

自视过高。因为伊呒没见过大世面,就呒没机会辣人家万千世界当中去比高低,伊就成了"井底之蛙"。辣伊经营个地方,啥个侪是伊说了算。伊自吹自擂,当仔自家写个论文一定水平一只顶,会得一等奖,自我陶醉,看勿起别人。结果送到外面,人家打伊个丙等,伊还愤愤勿平,或者感到莫名其妙,认为人家欺负伊了。

稀奇勿煞。明明是一个普通小学,改造了一下挂上一块重点分校个牌子,一开学,家长就纷纷拿了照相机,脱自家小囡辣校牌下面拍照。明明夜里要去外滩,直到下半日五点钟还要开汽车拿会议出席者开到新校区去参观。外面看看勿算,还要等辣海寻人拿已经关牢个门开进去看伊拉个稀奇,赛过上海外滩还勿及伊一只校园好看。车浪向大家侪讲勿要下车了,伊还坚持要大家辣暗头里拍照,唯恐呒没拨来宾们看到学校个光辉全貌再带回去看。后来晓得,伊是一名来自老偏僻地方来个研究生,伊个主人翁境界脱仔自豪感真是令人叹服。结果车子开到外滩辰光,大家已经饿煞,预订个景点也就勿好看了。

小家败气。一个外面名声还勿算错个冷饮食品厂,请外宾去看参观。一上来,就请了翻译,拿伊个报告完完整整翻译拨外宾听,侪像对上级汇报搿能写个,成绩中个成绩,勿断上升个比率,样样侪要介绍,连伊拉每周哪能政治学习，批判啥个侪要介绍，外宾坐得恹气煞了。后来带外宾参观，厂里冷饮原料搅拌机，像砖瓦制造厂个搅拌机，盖头浪、四周边侪是泥尘，像从来勿擦洗个，工人们侪穿了套鞋辣台子上脱冷饮包装，完全手工化。外宾像并勿感兴趣，经过就走。到了接待室，大家坐下来，拿出一人一个小杯个冰淇淋招待伊拉，真是勒杀吊死，作兴大家还呒没忘记搅拌机上面个龌龊，脱仔工人套鞋下面流动个龌龊水，吃得也真无聊。

内狠外缩。伊成了一只"洞里老虎"。辣屋里狠三狠四，耀武扬威，甚至可以狐假虎威，大家侪必须服伊三分，但是一旦碰着外人，伊根本就呒没办法对付，变成"缩货"，缩头乌龟，遇事缩缩抖抖。像一个小囡，辣屋里向无法无天，大吵大闹，跑到外面，一声勿响，受人欺负吃瘪。搿种人有常时连一般个公法契约都勿懂，打勿来交道，只善于低头弯腰，受骗吃药。

外面侪好。勿要看伊辣侬面前神气活现，伊实际老虚弱个，伊根本勿晓得外面个世界哪能样子，伊就呒没分析个眼光，上了大当还木知木觉，一旦见到了外面陌生个世界，就是外面个样样侪是好，连月亮也是外面个圆。过去认为外面啥个侪勿好，后来一变是外面啥个侪是好。

现在改革开放正辣深入，中国脱世界各国侪辣大量交流，全国各地也侪辣广泛交流，加上网络、电视咾啥，传媒发达，勿要拿坏个侪学来，好个侪学勿来！搿种"小狗勿上大宅基"个现象总应该大大改观了！

[注解]

宅基 shakji：农村房基地。　当仔 dangzy：以为。　五斤吼六斤 ngjin hou lokjin：说话争论时激烈而急迫的样子。　有常时 yhoushansy：有时候。戆 ghang：傻，愚蠢。　馅头 hhedhou：馅儿。　几化 jiho：多么。　戆大 gangdhu：傻瓜。　阿木林 akmoklin：乡愚，什么也不懂容易上当的人。　一只顶 yikzak din：到顶了，最好。　稀奇勿煞 'xijhifheksak：了不起的样子。恹气 'yiqi：闲着没事儿感到寂寞。　小家败气：吝啬。　勒杀吊死 leksakdiaoxi：十分吝啬。　狠三狠四 hensehensy：蛮横、凶狠的样子。　缩货 sokhu：胆小不敢上阵，遇事退缩者。　缩头乌龟 sokdhouwuju：遇事退缩者。吃瘪 qikbik：无言应对而被屈服。　吃药 qik yiak：上当。　木知木觉 mokzymokgok：麻木迟钝，因糊涂而不知不觉。

通路子

“通路子”，为了“开后门”；打通路子，就是要寻觅、走通到后门去个小路，敲开目的地个后门。

上海弄堂房子侪有两扇门，符合防火防震规格。一扇大门，门牌号码挂辣明显个地方，正气凛然。打开大门是为了迎接宾客或者大人物进场，一进门就可以阔步穿过天井跨进厅堂，主人已经老便当个下楼来，等辣海了。搿扇门叫“前门”。自家屋里人脱仔佣人出进，一般侪是走“后门”。后门辣辣房子个背面，一般朝北，既小又暗，佣人是从来勿走前门个，买来小菜踏进后门，就到灶头间，就好拣拣汏汏，接下去就烧起来了。通常，前门倒是摆辣海“摆卖相”个，而搿扇后门恰恰“至关重要”！屋里向个人上上下下侪从后门进出，原因是“方便”。一般个小人物要到一家人家去拜访，侪是走搿扇方便个后门。

以后上海人拿方便个求见对方，要对方开方便之门，称为“开后门”。

还有点比迎宾送客更加重要万分个事体，譬如讲生了重病要开刀，譬如讲需要请个名师做家教，譬如讲“小太阳”要进重点小学，譬如讲要拿下一个重大项目，譬如讲要想调工作，譬如讲要进阶做官发迹…… 侪是需要请“开后门”个。因为前门冠冕堂皇，高深莫测，硬走是走勿进去个，乃末就有一个“峰回路转”、“披荆斩棘”通路子进后门个精彩又神秘个过程。

搿个路径作兴由以下多项“下一步”个要诀来完成。

1. 寻寻觅觅。小人物想求大人物，要越过因大小有别而生出个种种障碍，辣辣毫无办法之中，也得想出种种办法来，“寻寻觅觅”就是第一法宝。要寻着引路之人，当脑子搜枯依然想勿出人来之际，乃末翻地址簿、名片册、Email 联系人、微信谈客，找呀找呀找呀找，找大学、中学、小学同学，老单位、老老单位同事，三代蟠藤亲眷，席上酒肉朋友，弄堂出窠兄弟……待苦心到达“踏遍铁鞋无觅处，得来全不费功夫”之境界，哦，觅得一位老兄，“却是旧时相识”！

2. 曲径通幽。“旧时相识”也呒没用场，伊离休了！喔唷，真是阿爹拉娘！侪讲条条大路通罗马，我为啥是叫天天勿应，一条小路也走勿通！乃末伊寝卧勿宁，辗转反侧，哪怕禅房花木超深，也决心下定打破山门！辣末生头，辣寅时四点，勿晓得啥地方拍来电报。辣出国去意大利威尼斯旅游车浪交来个一位“驴友”，是个老画家，他个老婆个妹妹个儿子，正好是搿位领导个秘书，当时彼此侪叹息过地球天地真个忒小。好极了！秘书作兴是伊个接班人，也许也是现任个办公室秘书。峰回路转，通罗马啦！后门个国道开通啦！搿个真叫“山重水复疑无路，柳暗花明又一村”！

真是“蜀道之难难于上青天”！但是，为了小囡个晋升，为了老人个病躯，为了自家个光明前程，叫我哪能办？亏得我小学读书，只有一句话还呒没忘记，叫“下定决心，不怕牺牲，排除万难，去争取胜利”。寻勿着“路径”，多怪我一时迷乱，脑子塞牢，再慢一步，老娘就会命归西天，造桥大工程介“嗲”个“生活”要拨人家招标抢去，呜呼噫吁嚱！

3. 勿怕牺牲。行得春风有夏雨。勿行春风，焉得夏雨？接下来个攻略是讨论哪能送礼。送礼切记，要“勿怕牺牲”，切切勿可“勒杀吊死”！欲以琼瑶，换取木桃；再祈诚心好报，种豆得瓜。送啥东东，也要送得叫人家正好焐心，也是一门须得研究个学问，真是煞费苦心。“手榴弹”啊，“炸药包”呀，侪土得过时；“洋”字当头个，啥个洋酒洋烟，早勿时行。两千块请吃一桌酒水，常怕人家吃了以后讲一句“我个脂肪肝指数又升高了”；拿钻戒嵌进月饼里，恐怕也有危险性，人家别坏了牙齿哪能办，或者等到月饼石骨铁硬辰光转送别人也话勿定。真是想来想去想勿出，我戆脱了，脑子像拨枪打过一般，真比我去下载弄懂一只“断命”个软件还难！正当万念俱弃之时，一个念头跳出，哦，总算想到了一样“秘密武器”！

4. 未雨绸缪。“下一步”，总结经验教训。经过此番周折，回过头来一想，今后囡儿一定要让伊去名牌三级医院工作，女婿至少一定要是房产开发中心个中级头头，女婿个爸爸要是大学校长。我还要豪燥交好几个朋友：电脑“软硬”工夫皆备个大虾，电器装修能手；屋里要随时备好一点“秘密武器”，像春节也可送个脑白金，韩国舶来品“高丽人参”，等等等等。

神经刚刚松下来，夜里坐下来开开电视机，想乌里买里看看电视，正好是四个人辣演滑稽戏《送月饼》。

严局长辣当局长辰光，屋里向月饼盒堆得像小山，天天吃"中秋月饼大餐"，半夜里也要起来吃——吃药。一日天，朋友老李来送月饼，老李家境勿大宽裕，老严要老婆拿月饼送回去。

局办公室老王师傅个舅舅老陶接下去也来送月饼："来看看侬，呒没大事体。只是东南商场要开张，我卖化妆品，但是有路子个人三三两两拿我个摊位轧到厕所边浪了。侬想想，我是卖香水个呀！我寻了张科长，张三讲签字要寻李四，李科长又叫我去寻王五……我呒没办法，后来想只要寻着侬，局长一张条子，就解决了。"

老严告诉老陶，讲自家退休了。喔，茶凉人走，老陶拎起摆月饼盒个马夹袋就走。

但是勿巧，伊错拿了李老头个颜色一样个马夹袋。老严个老婆又拿老陶个礼袋拿去还老李了。

勿多一歇歇，老陶赶回来，讲："出问题了，我个手机勿见脱了，有发票个，3 300 元。但搿个是关系价，此外还有出厂价、内部价、内部处理价、零售价……搿点价钿当中，关系价最便宜，质量要比正宗个还好。侬动过了，呒没关系。虽然侬局长勿当了，威信还辣海个，张三李四侪听侬言话。一个手机就算了！"

"还拨你，三千三！"

正辣辣数钱个辰光，老李也拿回月饼讲自家牙齿呒没了，勿好吃搿个错包里个硬月饼了。到着末脚，是老陶打了随身个手机，乃末辣老李送回个马夹袋里响起了手机叫声："有电话来啦！有电话来啦！"老陶总算寻着了自家送礼个手机。

老局长咳嗽一声，语重心长个讲："中秋节，礼尚往来，是习惯。老陶啊，侬动了脑子，为了求人家，辣送月饼个袋袋里摆了手机，好比香水摊头摆辣厕所边，味道就勿对啦！"

掰个短剧，讽刺入木三分，辣轻松个笑声当中落幕。

不过，社会浪个"通路子"，啥辰光可以走到尽头呢？

［注解］

摆卖相 ba maxian：摆样子给人看。 作兴 zokxin：也许。 阿爹拉娘 akdialanian：表示不满、吃惊、责怪等情绪的感叹语。 辣末生头 lakmeksandhou：突然。 嗲 dia：好。 生活 'sanwhek：活儿。 勒杀吊死 leksakdiaoxy：十分吝啬。 焐心 'wuxin：心中舒服愉快，称心满意，得意。 常怕 shanpo：生怕。 断命 dhoemin：该死的。 囡儿 noen：女儿。 豪燥 hhaosao：赶快。 乌里买里 'wulimali：随随便便，不上心的。 有路子 yhou luzy：有门路。 马夹袋 mogakdhe：形似汗背心（上海话称汗马夹）的盛物薄形塑料袋。 勿多一歇歇 vekduyikxikxik：瞬间。 着末脚 shakmekjiak：最后。

讲斤头

“讲斤头”，就是“讨价还价，谈条件”。有常时是一斤一两死扣个谈条件，各勿相让。过去又叫过“谈头寸”、“讲斤两”。

现在做生意，辣辣各种场合，勿是一方讲了算数个，“讲斤头”已经是司空见惯，家常便饭。就是我要去买一只移动硬盘，买一个软件，买几张碟片，也要脱卖方“讲斤头”，买一张飞机票，也要“讲斤头”。我外孙囡也会脱我“讲斤头”，我要伊今照写廿个字，伊讲：“就十个哦。”“勿来三！”“葛末十五个好哦？”假使我旁边摆了一把尺，看看苗头，乃末伊只好写廿个。

所以，“讲斤头”还得“看看三四”，脑子要拎得清点个，譬如领导有常时就要豁出“翎子”拨侬：“当然，对于紧俏商品、原材料供应合同，人家能够脱阿拉签约已经就是‘恩赐’了，还去讲啥斤头，活络点吧！”侬就勿要去“讲斤头”啦，豪燥脱对方敲定算数。

世界浪向国与国之间，也辣勿断“讲斤头”，过去两个国家交恶，先谈判，谈斤头，谈勿成，一方就来硬个，动刀枪，软个一方只好“吃瘪”，签个讲斤头个“条约”，还价也老难个，拨对方多占了交关斤两。现在是行“经济全球化”，葛是全球侪辣辣忙“讲斤头”！

搿能看起来，谈判桌浪，勿仅是谈经济商业，而且是政治、生活咾啥各个场合，侪辣“讲斤头”，“讲斤头”搿个词早已经从商业延伸到上海人生活当中个一切领域中去了，譬如讲大学里要评教授职称，也要看啥人个份量重，啥人个票数多，需要“讲斤头”；保送学生读大学，要看啥人个总分高，啥人个“浇头（三好学生、少数民族之类）”足，也要“讲斤头”。现在连刚刚进幼儿园个小囡，也会“讲斤头”：我爸爸开宝马！我爸爸开奔驰！我爸妈有两部！家长也会“讲斤头”，我个小囡辣区重点。我个小囡辣市重点。苗头别得海威！

“讲斤头”，必定会有难解个矛盾，现在法制社会，有纠纷就可以诉之于法，让法律来仲裁。但是搿当中也有种种勿妨“讲斤头”个情形。有个人怕无尽麻烦，勿要“公了”要“私了”，条件谈得拢，作兴可以马马虎虎，淘淘浆糊，或者请个“老娘舅”来摆平，来烫平；但是，假使有个人脑子还停留辣旧社会，侬去脱伊耐心“讲斤头”，就恐怕要吃煤球了。

辣辣法制还有交关漏洞可以钻大律师还请勿来个当势，人们就行到茶馆里去“吃讲茶”，搿个是辣三四十年代还流行个一种“讲斤头”方式。民间发生了纠纷，需要中间人调解，对簿辣茶馆，当然也要请善辩之士出场照应帮忙。

包天笑 70 年代辣伊个《钏影回忆录 · 入泮》中讲到了旧时进学校中个“讲斤头”：“进了一个学，就要那些大排场，这唯有绅富人家的子弟，方能办此。因为他们经济宽裕，可以花钱，但即使是清寒人家，大钱不花，也须花些小钱。吴县有两个学官，一个名教谕，一个名训导。这两位老师，平日实在清苦得很，虽名为官，还不及我们的教书先生，全靠三年的岁、科两试，取中几个生员，他们方才有一笔进款，那便是取进后送进去的保结，要他签字盖印，而新进秀才人家送他的一笔贽金。要是像我们那些孤寒子弟，他是得不到什么好处的，他所希望的，是本县里新进几位富贵人家子弟，最好是暴发户，而上代没有什么读书人的，他可以敲一笔小小的竹杠，贽金可以加到数十元或至百元。遇到富而且吝的人家还不肯出，于是要'讲斤头'了。讲斤头的人，总是廪保做中间人，而水涨船高，廪保也可以得到较丰的报酬。"

搿个是辣清朝个吴县，"讲斤头"还是"小来来"，"小儿科"。到了上海，到了三四十年代，负责"讲斤头"个"老娘舅"，常常是一点上海滩浪个"白相人"了。且看伊拉是哪能"白相"人个：

《洋泾浜图说》里有一篇文章讲，"白相人"来脱侬"讲斤头"，实是辣"讲经头"。何为"经"，勿是讲个生意经，也不是《圣经》，而是《弥陀经》、《金刚经》，开卷便是"如是我闻"，赛过"时代曲"《桃花江》浪个第一句："我听得人家说"。判辩曲直，便搿能讲："小出老，侬做点啥事体，穷爷阿里一样勿晓得？连倷娘偷和尚，我肚里侪明白！"搿种言话，"四人帮"当年隔离审查人辰光手法也一似一式。搿些"瞎三话四"个恐吓，弄得对方倒有点胆寒，此时此地，也疑心到自家个娘了，说勿定人家都查过档案来个，乃末有点"下元虚"，事体就解决了！

就此"吃讲茶"，就此吃吃"酥桃子"，就此"讲"完了"斤头"，台下个动作也就事过境迁。所以，搿眼"白相人"，或"白相人嫂嫂"，便应时而兴,以代人排解纠纷为专业,“抽几成厘头”就是伊拉所得个酬报,吃这种“空心饭”辩能便当,还美其名曰:“出场帮忙”。

当然,现在用个“讲斤头”,老早已经呒没辩方面个内容,但愿勿会“死灰复燃”。

“讲斤头”辩个词语,已经成了上海话中个“惯用语”,而且从商业蔓延到日常生活,像这类商业用语个“蔓延”,上海言话当中特别还有一大串。譬如“买面子”、“卖人情”;“买关节”,用作行贿;“卖野人头”,是装作精通,实际弄假骗人;“卖狗皮膏药”,现指自我吹嘘,弄虚作假。此外还有“倒扳账”,用来指事体结束后又重新翻出来;“翻老账”,用来说把过去的事情抖搂出来;对人告事体勿服气或勿拨面子,常说“勿买侬个账”;“掂斤两”,指试探估计对方人或事的力量或重要作用;以交易票据为议题个“打回票”,现用于一般个人或者物事个退回;“打包票”,原是写下保证成功个单据,现在就指一种保证,包辣自家身浪;“现开销”,原来指当场付钞票,现在可指当场用言语直率对付,勿留情面;抢事体做,叫“抢生意”。凡此种种,足见一个商业高度发达个城市里,“生意经”辣上海人心目中个重要地位了。

[注解]

有常时 yhoushanshy：有时。　勿来三 veklese：不行。　葛末 gekmek：那末。　看三四 koesesy：看情况灵活处事。　拎得清 ’lindekqin：很能领会。豁翎子 huak linzy：提示,暗示。　豪燥 hhaosao：赶快。燥,本字为慅。　葛 kek：那。　浇头 ’jiaodhou：特地加上去的修饰。　别苗头 bik miaodhou：比高低,争风头。　海威 ’hewe：了不得。　作兴 zokxin：也许。　淘浆糊 dhaojianwhu：在双方中求同存异。　老娘舅 laoniaoqjhiu：调和矛盾的人。

摆平 babhin：协调双方，平息事端。 烫平 tangbhin：彻底摆平，使无法作梗。 吃煤球 qik mebin：被他触霉头。 中人 'zongnin 中间人。 小来来 xiaolele：初级。 赛过 segu：好像。 一似一式 yikshyyiksek：一模一样。 瞎三话四 haksehhosy：瞎说，胡诌。 酥桃子 'sudhaozy：易被人欺辱的人。 吃空心饭 qik 'kongxinfhe：不花力气获得报酬。

吃豆腐

豆腐,实在是邪气灒个营养品,白哈哈个颜色,嫩笃笃个卖相,看了也觉着爽心,每日吃豆腐,或者豆腐浆、豆制品,包你身体健康。不但大家吃得开心,连带死了屋里人,大家也代伊多吃一点,百姓习惯辣送伊走个一日,请怀念伊个人一道,大家吃一顿"豆腐饭",以豆腐为主个素斋。豆腐个白颜色,也有眼象征意义,不过大户人家,请出大鱼大肉,也挂辣"吃豆腐饭"浪向,大吃一顿也有个。掰个是江南民俗老习惯。过去村上要拿死人抬到落葬地方,要请村里人帮忙,完成以后主人请大家吃豆腐饭理所应当。掰个辰光也会有人自动轧进去趁闹猛揩揩油,问伊去做啥,伊又勿好直接讲去吃饭,勿请侬哪能好去吃白食呢?就和和调笑笑,省脱一个"饭"字讲一声"吃豆腐"去。"和调"就有点"寻开心"个味道。有人讲,掰个就是带有戏谑味个"吃豆腐"一语个由来。掰种"吃豆腐出典"解释,实在有点"硬装斧头柄"。倒勿如另外一只传说还有点神韵,掰个就是上海咾啥江南地方早晨个街头交关闹猛,老多个百姓起身以后上班以前拿"四大金刚(大饼、油条、粢饭、豆腐浆)”作为代代相传个心仪个早餐,就走到小夫妻经营个“豆腐店”去买豆腐浆豆制品吃。店里通常是夜里向老公负责磨豆腐,早浪向老婆负责卖豆腐,所以鲁迅小说里向曾经有“豆腐西施”个“光辉”形象。“西施”们个面孔是略加梳妆,像豆腐一样白白嫩嫩,去买豆腐个小伙子清早正好精神瞎好,勿由得要去脱伊寻寻开心,揢个便宜,甚至看到伊屋里长期吃豆腐咾,伊吃得又白又嫩,叫伊一声“豆腐西施”,“侬介好看是专门迎接我哦?”一句“便宜”就“揢”上去。对方听多了搿能样子个准调情,为了生意也就嘻嘻哈哈或者得意洋洋对付过去,搿能一来,摊头也闹猛了,周边男人以“吃豆腐”为名,侪要到豆腐店脱老板娘寻开心,同时也拿“杨二嫂”们侪哄得“十三点兮兮”。小伙子屋里个老婆有个晓得了,勿免有点吃醋兮兮,对了老公就讲:“侬今朝又要去‘吃豆腐’了哦?”

搿种传说,并非是出典。方言是口耳相传,一个词从前哪能产生,旡没书面根据。多数是先有了词有了词义,乃末再编出搿种故事附会上去,辣故事会里讲讲老生动个,大家姑妄听之。

“吃豆腐”一词有一个惯用个意义,是调笑,开玩笑、寻开心,加上了挑逗性。

“吃豆腐”,是男子发出个言行,多数只是言,用挑逗方式达到寻开心个目的。为啥现在更加是多为言,因为现今上海女性地位为全国第一,假使像从前搿种动手撸一记或者扭一把女人手臂大腿之类,恐怕勿大有人敢做得出来招惹是非了。当然轻佻者当中自有“重佻”者,动手动脚,上海人又称之为“揩油”。“吃豆腐”对象多为女性,此言行便具有轻度下流性质。“吃豆腐”，通常是男对女，过去个另外一个说法为“调情”，现在个新定性为“性骚扰”。言行严重一点，尤其是行为碰到或者摸及女性敏感部位，就是侮辱妇女。碰着一个开朗一点无所谓个女子，就骂伊一句“十三点”了事，碰着一个勿买账个人，就会拿侬骂个狗血喷头。

碰着一个伊认为“打”得起“朋”个女人，伊即使是勿认得个，也会去脱伊瞎搭讪，问三问四，搿个女子并勿开口，伊就要去挑逗一下，对伊个小囡讲：“叫我一声爸爸。”搿个女子就马上回敬伊一句：神经病！看来搿种轻佻个言语达到了一定个浓度，女人自尊个认为对方辣辣无端对伊“吃豆腐”。但是，语言淡而无味、轻描淡写，譬如讲“叫我声爷叔，明朝带侬去城隍庙白相”，搿能就构勿成“吃豆腐”。搿个女人心里辣海想，认也勿认得，搿个人是勿是真个有神经病。

听说有个地方还有当官个或老板，仗势辣吃酒辰光扭女服务员个大腿个，搿种吃豆腐行为，就是存心“揩女人个油”，对女人动手动脚占便宜，明显带有侮辱性。苏州女人骂起吃豆腐个男人也实在“结棍”咾好听：“杀千刀！当心碰着汽车，吃倷啥格断命豆腐！”

男人告男人之间，有辰光也会发生搿种调笑，葛是“吃豆腐”个延伸扩展了。“哦，今朝侬又名牌笔挺，神采奕奕，侬看，面孔浪油水也飙出来了，去会阿里一号女朋友啊？”“侬勿要吃我豆腐噢，好咪，客气点，帮帮忙，朋友！”

吃豆腐对象是男性个言话，搿种言行也是挑逗性个，也是调笑型寻开心，但大抵呒没下作性，男性告男性之间个寻开心，寻到有一定挑逗程度个话冒出,对方便会轻轻回应一句:“侬勿要吃我豆腐噢!”背景个参照元素虽然也脱男女当中个吃豆腐一样,但是通常只消一句善意个嗔怪就对付过去,双方还是交关开心。

所以,“挑逗性”脱仔“寻开心”,是“吃豆腐”搿个惯用语个主要特征。

不过现代社会也真会变,现今还时行“野蛮女生”揩男生油个,搿种新鲜个言行具有“搞笑性”,不但有言论,而且有过火行动,实是犯了“侮辱妇男”条款个。无奈搿点男生,绝对勿拿伊看为“性骚扰”,对搿种言行个第一反应是乐滋滋个,其结果也反而增进友谊。搿个,大概也是同种行为之感受男女有别哦。

[**注解**]

嬕 ze:好,盛赞。 卖相 maxian:表面模样。 轧 ghak:挤。 轧闹猛 ghaknaoman:到热闹的地方去挤。 硬装斧头柄 nganzang fudhoubin:强加罪名,强行张冠李戴。 闹猛 naoman:热闹。 瞎好 hakhao:好极了。 咾 lao:因为。 爷叔 yhasok:叔叔。 扭 'niu:拧。 倷 ne:你。 啥格 sagak:什么。 葛 gek:那。 下作 hhozok:下流。

老克拉

“老克拉”，又写作“老克勒”，搿个是因外文翻译用字勿同所造成个。过去“拉”个一个音是读短促个入声个，当时“拉丁字母”个“拉”也搿能，读如“腊 lak”，而“勒”字应读如“肋 lek”，辣现在老派个上海话里“拉 lak、勒 lek”两字个语音是有差别个，所以“石头 shakdhou”读音告“舌头 shekdhou”勿一样。从英语翻过来，以前多写为“老克拉”，但是近年来有些人写成“老克勒”，搿个是因为现今新派上海话开始“腊、拉”告“勒、肋”同音不分了，辣用同音字翻译外来名词辰光，有不同写法也是多见个现象。

有交关借词，意思往往比较明白，同来自一个外文词，譬如“色拉”和“沙律”，“咖喱粉”和“芥辣粉”，辣汉语里同指一样个物事。但是“老克拉”搿个词到底从啥个英文里来呢，却有种种讲法。有个人讲，来自“colour”，是讲搿点人生活五彩斑斓；也有个人讲，是从“classics”来个，搿点人个生活方式又追求经典，伊拉身上着个是正宗名牌，举止行为又有西方式个风度、规范……至于“老”字挂前头，当然是到了炉火纯青个地步,老资格了。

到底"老克拉"为何许人?我请教了我读向明中学辰光个两位尊敬个名师,伊拉现在都已是近九十岁个高龄,是从上世纪三四十年代生活过来个。伊拉两个人侪毫勿思索个回答:"老克拉"就是一眼"老白领"。哦,上海滩浪以前有众多个"老白领",伊拉引领了时尚个潮流,用自家个智慧参与创造了上海个繁荣。

有一趟,程乃珊打电话来,要我写一篇讲清"老克拉"掰个名词来历个文章到《新民晚报》去发表,当时伊讲,伊辣采访几个老克拉朋友当中,听伊拉讲,"老克拉"最初个辰光,是起源于"carat"。"carat",是宝石的重量单位,一克拉等于200毫克。辣过去个珠宝店里,司务们碰到三克拉以上成色个钻石戒,常常会大拇指一翘,称一声"老克拉"!掰点话侪是程乃珊对我讲个。掰个结论当然具有相当个权威性。我也就掰能介写了,结果报纸也登了。

好了,我侪明白了,"老克拉"就是难得个"宝"!

上海从一个一片农田个天下,转眼变成一个高楼大厦林立个金融世界,辣上海滩浪向,阿里点人是"三克拉以上"个"宝"呢?外国人?中外老板?银行家?店主?工薪者?学徒?大学生?白相人?拾荒者?

最应看作是掰个辰光个"宝"个,理应就是上海特产个掰点"老白领"了!外地交关城市,也有老板,也有蓝领,也有中国人外国人,但是侪勿能一度成为上海掰能样子个世界金融中心,啥个原因呢?有种种原因,然而最重要个原因,我想就是因为伊拉呒没上海掰能个一支"老白领”队伍，缺少搿个阶层，缺少了搿个辣工业商业竞争中个坚强支柱。而上海却拥有了一大批个有西方最先进个科学、技术、文化背景个白领，搿些从国外归来见过世面个、有现代意识个、有西方文化学识个老白领，脱还有点辣上海从学徒出身奋斗出来个 office 精英有所区别。伊拉辣上海邪气快就发展成为一个阶层，伊拉做了一桩事体，叫做“中西融合”。伊拉拿伊拉努力从西方或者从西方人辣上海办个学堂里学得个先进科技知识脱仔现代文化，得中国个实际相结合，彻底改造了上海个落后。勿是介便当相结合个，既要“反帝”，又要学得技术，甚至偷学，辣搿能个错综复杂个社会形态个矛盾当中，伊拉潇洒个立稳了脚跟，伊拉有所作为，沟通了外国告中国，外国人告中国人，弄得勿好，两头勿讨好，中国人骂伊勾结外国吸血鬼，外国人则干脆拿伊辞退。不过伊拉用伊拉个智慧“辗转”辣上海工业商业金融“战场”个第一线，终于努力改造了上海个工业商业金融业（当然辣改造当中，工人也有功劳，老板也有功劳），所以上海人拿伊拉奉为老钻石，比喻伊拉为“老克拉”。

但是，单搿能介还勿够大家心目当中个“老克拉”个形象，宝石会闪光，假使穿得一身灰长衫，像鲁迅搿能走进大厦，会拨门房电梯工赶出来。公认个“老克拉”，还背上“colour”告“classics”两个英文字眼。上海人从伊拉个文化追求告生活方式着眼，让伊拉装进而且延伸了从英语“colour”和“classics”来个特色含义。总而言之，从搿个三个词来看，所谓“老克拉”，就是指搿些旧时个优秀白领，温文尔雅，领中外时尚脱知识之先，工作勤奋专注，尊重女性，有绅士风范，身穿名牌，乘坐

“别立克”，目戴“托力克”，嘴里常衔“茄立克”……因为搿个阶层薪俸高，消费也比较前卫，讲究服饰告休闲个摩登，辣上海社会个文化生活当中甚为活跃，辣休闲方式浪也领潮流之先，所以，辣上海市民个眼睛里，觉得伊拉老“懂经”，精通上海中西融合个时尚告社会，追潮恰如其分，魅力独特。

所以“老克拉”搿点人，辣文化享受浪向也总归有点“花露水”个，要唱一曲京戏，拉出来就是；跳起舞来，百乐门水平；到伊拉屋里坐坐，上等咖啡，留声机唱片从《特别快车》到《三轮车上的小姐》边听边和……伊拉对中西结合个海派文化个建设也是起了一定作用个。

再讲得完整一点，“老克拉”是以大量“老白领”为核心个上海知识精英群体，有点人勿是“白领”出身，但是也有伊拉一样个素养，也活跃辣辣老克拉群体当中。

到了50年代，社会经济发生质个转变，加上提倡阶级分析，西风拨社会冠以西方资产阶级生活方式而受到严厉打击，大家以出身贫困为荣，拿差勿多个低工资，白领一个阶层也趋于改造消失，西方意识更加受到批判。辣我小辰光，“老克拉”老快个就变成了一个贬义词。当时啥人要是家底厚一点，穿着勿是随众个“青一色”，辣全民一色中山装个年代，伊拉却着出海派西装，辣大家普唱革命歌个辰光，伊拉解勿脱老习惯去“打落弹”和“跳蓬拆拆”，搞“资产阶级香风臭气”。因为逆潮而动，一时“老克拉”就成为老勿光彩个角色，鄙夷个眼光随之而来。搿个辰光，啥人要是勿合群，要讲究个人独特一点个生活娱乐，穿着“怪”一点，年轻一点个，叫做“阿飞”，年龄大一点个（搿个辰光伊拉年纪是大了）沿称“老克拉”，伊拉变成了旧社会个余孽。接下来，更拿还有点并呒没啥底蕴个、只是有点与众勿同个穿着告爱好习惯个“老阿飞”，还有点特别花头个，脱劳动人民“格格勿入”个人，侪统统划归或者揶揄为“老克拉”。

正是60年风水轮流转！20世纪90年代以后，上海重新崛起。上海个新白领又辣上海蓬勃增生，上海真是“孳生”白领特别快个地方！伊拉又成为上海经济社会脱仔上海休闲文化发展当中个中坚之一。阿拉假使呒没辣中企外企当中碰着伊拉，也可以辣衡山路、新天地咾啥个地方见到伊拉。阿拉个社会又辣为新一代个白领和“海龟派”唱赞歌。就辣搿个辰光，阿拉回顾一下上海厚重个历史，为老克拉正一下名，勿也蛮有现实意义个哦？

搿点40年代来个真“老克拉”，现今健在个已经勿多了，大都已经是八十以上高龄个资深公民了。奇怪个是，伊拉个心态，出奇个好；伊拉个见识，依然灵光勿守旧；伊拉见过大场面后个文化底蕴，还是勿时个冒出来。程乃珊说过，伊拉是“上海先生中最富海派个性的一脉”。

[注解]

便当 bhidang：容易。　别立克 bhiklikkek、托力克 toklikkek、茄立克 jhialikkek：当年名牌的轿车、眼镜和雪茄。　懂经 dongjin：精通，时髦。　花露水 holusy：花样，花招，噱头。　打落弹 dan lokdhe：打桌球。　跳蓬拆拆 tiao bhongcakcak：跳交谊舞。　花头 'hodhou：花样，新奇的主意或办法。

老法师

上海过去除了有一大群“老克拉”以外，还有一大群“老法师”，几乎每个大一点个厂家侪有一两个或者更加多点个老法师。20 世纪 50 年代以后，“老克拉”吃瘪了，但“老法师”依然邪气吃香。

20 世纪五六十年代，辣上海每个大型个工厂车间里向，侪有一点技艺精致、老练一流、会解决各种生产浪疑难杂症个老工人老技师，伊拉是工厂里个“宝贵财富”。由于伊拉个存在，强有力个支撑了上海个工业产品个优质品牌闪光，伊拉辣辣阿里，搿个工厂个生气告亮色就辣阿里，伊拉是一批真正个“无名英雄”。

搿些老法师，对厂里各路个生产环节个技术，侪“熟门熟路”。伊拉过去辣各个生产环节浪受过严格个训练，有个生产工艺还是伊拉从过去洋人个名牌产品工艺里悉心推敲研究出来个。

伊拉对各种产品个要求，勿论是外表还是内质，侪精益求精。伊拉从来勿懂“拆烂污”、“淘浆糊”，坚持高标准、严要求，而且落实到每个环节里，层层控制，组织了严格个检验程序，毫勿放松，搿个是伊拉工作个本色告习惯,习惯已经成为自然。

他们个工作作风,是“一门心思”,严谨踏实。伊拉对工作既热情又冷静,有心有想,交关有耐心脱仔钻研精神。伊拉严谨个工作态度,是从小培养告竞争当中磨炼出来个,带动影响了整个工厂个工作生产面貌。

伊拉对生产当中个问题,胸有成竹,有疑必答,指点迷津。所以伊拉辣厂里向也有相当个权威性。工厂领导往往是伊拉个朋友,碰着新工艺要研究要突破,或者伊拉辣市里开会,领着了一个创新任务,要做出来向国庆10周年咾啥献礼,哪能办?快点首先去寻着掰两个老法师,像现在医院疑难病症会诊辰光必须请到个名医。伊拉对青年工人个态度,是诲人勿倦,青年人也对伊拉“服服帖帖”,“呒没言话讲”。

伊拉个为人,素质好、品位高,个个侪是“活雷锋”。任劳任怨,助人为乐,勿计报酬,关键辰光困难辣辣啥地方,伊拉就出现辣啥地方,解决疑难,拨人以春天般个温暖。

一个工厂里有种种“吃饭家生”,大家又把这些老法师尊称为“老家生”。“做掰个一类生活,侬还是去问问阿拉厂里个几个‘老家生’。”

伊拉当中个交关人,生活浪向也相当追求时尚,多姿多彩,生活方式也老“克拉”个。伊拉辣40年代告老板脱仔老克拉个白领关系也相当密切,有个也是可能辣奔向“私方代理人”脱仔白领个途中,有个还是从外国人辣上海开个名厂里或者民族资本个大厂家里来个人,文化修养高,懂点英语。所以有些人辣解放后领取比较高个工资,也一直受到工厂领导个重视,“文革”高潮期除外。掰个里向还包括解放后辣50年代培养出来个专家,像电光源工人老法师蔡祖泉咾啥。

上海五六十年代生产出老多个名牌轻工业产品，走俏全国，大家往往为争取买到其中之一而化了种种努力，凭票供应啊，排队抢购啊，组织照顾啊，摸彩啊，买着一部上海永久牌自行车，推出去会脸上生光，邪气“吃价”，大家看了眼痒。凤凰、永久牌脚踏车，无敌、蜜蜂、飞人牌缝纫机，华生、鸿运牌电风扇，上海牌手表，上海58－Ⅱ型照相机，三五牌台钟，固本肥皂，414毛巾，长城牌热水瓶，红双喜乒乓球，精密仪表、轻纺产品、香皂牙膏雪花膏咾啥，全国各地百姓侪欢喜上海产个轻工业名牌，搿点名牌产品就是有底气，当然生产产品个上海工人勿愧为大都市个成熟个工人阶级，他们个功劳勿能抹杀，但是搿些无名英雄“老法师”辣当中更加是立下了汗马功劳。

搿批技术工人假使现在活辣海个，也应该有八九十岁，已经是凤毛麟角个了，伊拉辉煌个一个时代结束了。

然而“老法师”搿个上海话里从工人当中传出来个名词却传留了下来，含义也早已经有所延伸扩展，对辣辣某一方面富有经验个长者，精通某门专门知识技能脱行业老规矩个人，或者是资格老个名家，上海人盖称之为“老法师”。

[注解]

熟门熟路 shokmenshoklu：得心应手。　一门心思 yikmenxinsy：一个心眼，专心致志。　有心有想 yhouxinyhouxian：有耐心，集中注意力。　服帖 fhoktik：佩服，服从，听话。　呒没言话讲 mmek hhehho gang：没话说的。老家生 laogasan：有年纪、有地位、有经验、做事有分量的人。　吃价 qikga：厉害，棒，酷毙了。

适意

上海话里个“适意”，意思就是“舒服，感觉好”。

“适意”是人生最重要个感受，因为适意脱人个愉悦是最密切关联个。人首先要活得“开心”，“开心”万岁！“开心”包括了高兴告快乐个全部内容。侬个心愿满足了，侬就会觉着开心。譬如我一心想做一个上海世博会个“志愿者”，我越做越开心；我酷爱打篮球，就是打得浑身上下臭汗潳潳渧还感到勿满足。啥个辰光满足，啥个辰光就“适意”了！

所以讲，满足了人个欲望，他就感到爽，感到适意，要是勿满足，伊就要去追求，追求到适意为止，伊就感觉好。勿是样样侪可以马上达到感觉适意个程度个，适意也呒没底，所以人人侪会继续勿断寻找适意，创造出新生活，社会也就发展了。

感觉好，就是适意。感觉好是全方位的，因为人个感觉就是多方面个，多样化个。口耳鼻舌身，可以一道参与审美。越是聪明个人，伊追求感受到个适意也更加丰富。侬感觉搿个物事看上去老适意，伊可能木知木觉一点也勿懂呒没感觉。

感觉好，要摸上去舒服。汏好浴，风一吹，皮肤摸上去交关适意；天忒闷，热汗淋漓，皮肤碰上去个感觉就粘支得支，邪气难过。

感觉好，要吃上去舒服。本地蚕豆，嫩而勿酥，吃口适意；客豆皮老豆硬，感觉就推扳。

感觉好，要闻上去舒服。腊梅水仙，阵阵清香，令人神怡；劣质香水，大卡面油，只用一点，就要头昏。

感觉好，要听上去舒服。小号吹激昂，圆号奏沉静，单簧管伴温柔，萨克斯唤浪漫，侪是正宗风情。

感觉好，要看上去舒服。楼上看山，城头看雪，灯前看画，舟中看霞，月下看美人，另是一番情景。

感觉好，还要心里舒服。鸟宣情声，花写情态，香传情韵，山水开情窟，天地辟情源。只要心里适意，心仪个可人儿辣身边伴辣海白相，看出来个听出来个，侪适意了。

感觉要恰到其好，方才适意。对面走过来个女人，一身穿得大红大绿，有点过份，看上去就勿适意；假使伊个衣着，适宜伊个身份，教师是教师样子，情圣像情圣腔调，记者就记者派头，歌手有歌手风度，看上去就老适意。

适意是要细细叫体会个，适意常常是无法形容个。

上海人十分会感受告欣赏适意，也老会注意到拨人以适意个感觉，更会拿自家修饰到适合自家最满意个程度。

各人感觉到个阿里点是适意，各勿相同。譬如讲听音乐，有人觉得三四十年代个歌曲老好听个，五六十年代个歌也好听，现今个流行歌曲更加听得适意，各个时代个歌有勿一样个适意元素。有人却觉着只有伊年轻辰光接触个搿眼歌是好听个，还有人讲所有个歌伊侪呒没感觉，只有打游戏伊最适意。

对同一样物事，各人感觉个适意度也是不同个。有个人一搓麻将顶适意，有个人年初一搓一天也蛮适意，但平常对搓麻将就再也呒没适意个感觉了。

但是，上海人对适意有这个城市个共同感受。有个人去抢别人个物事，感到老舒服；有个人杀了老婆个情人，他感到分外满足；有个人看到两部汽车香鼻头，感到看得老过念头。上海人勿会搿能介，上海绝大多数人勿会去犯法，勿会去幸灾乐祸，上海人勿会轻易牺牲自家个性命去解决矛盾，甚至从来勿会得拔出手来打别人，上海人觉着按照规则按照法律原则去处理突发个矛盾最适意。

上海人看人侪晓得伊啥个样子看上去最适意，上海人也会拿自家修饰得让人看到个自家形象最适意。伊拉晓得勿但外表，而且是心理素质、人个脾气、处理问题个水平，也要让大众满意，恰如其份，感觉适意。

上海人特别重视自家告别人对适意个感受。所以伊拉讲究识相，伊拉又辣勿断朝高素质挺进。譬如讲曾几何时，小青年感到嘴里叼了一支香烟、脚跷跷，让人看到最台型，现在反过来感到勿吃香烟脚走得着实最适意；曾几何时，一帮小青年觉着“对开”最适意最刺激，现在感到出口一句粗话也勿适意，还是坐辣一道看看《哈利·波特》老适意。

上海人原本用汉语拼音输入法打打 QQ 感到交关适意,现在多一样"上海话输入法"打打上海话感到更加有劲咾适意。

上海女人,最会追求适意,是追求恰到其好、正正好好个适意度个一只顶。上海女人个品位是"精致",伊拉个美,是清爽个,优雅个,是得体个,讲究韵味。豆蔻少女,穿一袭黑衣,可以是典雅;花甲老妪,着绚丽个裙裾,可以是大方,侪令人看了适意。上海女人追求时尚,是世界公认个,头巾个花样,帽子个戴法,裙子个形形色色,辣衣裳领头个"花边"浪向翻花头,还有辣上海发明并精致化个旗袍,月牙边个绣花绢头,就是辣揩眼泪水个辰光,都勿失洒丽告高贵之气。即使辣辣非常个"文革"岁月,伊拉也会做衣服浪个"小手脚",伊拉拿"做头发"看得交关重,头浪向勿时绽出几色小花,辣"玻璃丝"、"蝴蝶结"浪变花样,藏逸个性个爱好。现在开放年代个美眉,头戴艺术帽,身穿吊带衫,腰系花苞裙,腿套象鼻袜,脚穿松糕鞋,风头出到哈尔滨,上海男小囡走到马路浪,东望望,西张张,东看也适意,西看也适意,总而言之,看上去总归是"适意"!

[**注解**]

溚溚渧 dakdak di:充满了液体,在不断滴下来。 木知木觉 mokzymokgok:麻木迟钝。 粘支得支 'nizydekzy:粘糊糊。 推扳 'tebe:差,差劲。 大卡 dhaka:伪劣冒牌货。 细细叫 xixijiao:仔细地。 香鼻头 'xian bikdhou:接吻,引申为车子对撞。 过念头 gu nidhou:过瘾。 台型 dheyhin:有面子,时髦。 对开 deke:两帮人打群架。 绢头 juoedhou:手帕。 小手脚 xiaosoujiak:做小动作改变东西的原模样。

瞎猫碰着死老虫

2008年,美国开放了对中国个民间旅游签证,上海人开始组织旅游团,到美国去旅游。刚刚到美国搿能大个国家,交关人觉着比较陌生,有一个旅客辣旅途当中随手用3美元买了一张"即开即中"个彩票,当场中了300美元,因为是外国人,领取手续有点周折,也只不过用脱勿到一个钟头辰光,就领到了钞票,搿个就叫想也呒没想到,"瞎猫碰着死老虫",额角头高。

老虫几化顽皮,窜来窜去,只有老猫可以拿伊随便"烫平"。眼睛瞎脱个猫,只好饿肚皮了,偏偏地浪向有只老鼠自家跌杀,乃就有"瞎猫碰着死老虫"搿场"来得正好"个好戏了。

人生有辰光会碰着偶然机会,带来偶然突破,搿个是一种"侥幸",也是"好运道"来了。有个人一直辣哀叹自家:霉鬼星一直盯牢我!伊总归想异想天开,有点发迹,不过老天爷老是对伊小气,勿开方便之门。但是,有辰光"呆呆调碰着呆呆调",出其不意,正好碰巧,买了一百趟彩票,结果有了一趟中头彩。搿个辰光,就是"额角头高",一记头

“额角头碰着天花板”了，幸运之至！有“小狗跌辣污坑里”个感觉。

“瞎猫碰着死老虫”搿句言话，还可以做点引申。

首先是伊运气瞎好。就像打扑克正辣愁眉苦脸之际，抓到了一张“大怪”，心里豁然一亮，有搿张牌助其一臂，就可以压倒一切了，或者是作“大百搭”用，可以拉三携四奇兵突起。

搿个人老幸运个，但是往往人并勿能干，是只瞎猫。迭个辰光遭遇“戆人也有戆福，泥菩萨住瓦屋”。搿个也说明了机遇对每个人实在侪勿吝啬。

还有种情况，本来是吼没把握个，去逞强一下，偏偏碰巧成功了。搿个也是一种“瞎”碰“死”，人就是会有搿能个机会，懒虫除外，老天看侬人懒就落只月饼拨侬？逞强个人，就有可能“瞎猫碰着死老虫”。

歪打正着，也说勿定。说明要动动脑筋，“野路子”也会“另有一功”，胜得过“科班出身”，何况“任何非常先进的技术，看来都与魔法无疑”。跨过搿个界限，跑到勿可能里向去，作兴就成功了，老鼠捉牢了。

全靠运气，葛咾概率极小。“瞎猫碰到死老虫”个机率是老小老小个，所以勿要“守株待兔”了。

撞着了，连自家也高叹一声：巧了！有辰光，着实是碰巧赶着了，赶着了好时辰。吼没啥思想准备，却获得了成果。

勿管从阿里搭去诠释、发挥“瞎猫碰着死老虫”个含义，“幸运”则是伊个“关键词”。

“瞎猫”也并勿是全“瞎”。有人讲，“暴发户”，就是偶然碰着好运气,比如跟了朋友买了几张股票“认购证”啊,碰着仔一个老上级啊,轧了个好朋友啊,杜月笙巧遇了“桂生姐”呀,等等。机遇果然重要,但实力总归是基础。有个“瞎猫”,是有成功素质个,是用出过交关代价个,命运只有待伊好个人会来运。有个人辣某一日天成就“瞎猫”,背后是有曲曲弯弯个呒没完呒没了个付出,机会有常时一记头突然降临,实在还是老早已经埋伏辣海个因素活起来变出来个,机会更多个是坚持背后个必然。人们只看到了伊现在辣海赚钞票,大把大把个,而看勿到伊一趟又一趟认识能力组织能力个提升,长期起家,失败了再弄,经历挫折赔钞票,背水一战,贵人扶持咾啥个感动上帝个种种付出,搿点付出个经验特别珍贵。一到辰光,“幸运”就来寻伊了!有交关人,每趟机遇来,侪会经历四个阶段:看勿见,看勿起,看勿懂,来勿及。为啥会搿能介,只有伊自家晓得!

由此看来,“瞎猫”并非“瞎”,只是机遇来了,水到渠成。“死老虫”当然并勿“死”,而是“摆辣眼前个成功机会告果实”。

人间总有奋斗,人间总有奇遇!

海上也有奇遇。余永泽辣海滩边浪向兜兜,碰着了跳进大海寻死个林道静,瞎猫碰上了要死个老虫,一个幸运,乃末一部宏著《青春之歌》就介揭开了序幕。

我搿搭也有一个瞎猫碰着了将死个老虫个版本。因为伊是一名瞎而又瞎个嗲猫,伊根本勿能体会到伊自家已经是几化几化个“交运”。侬瞎了眼睛难道侬就勿好用耳朵伸长仔听听?小老虫讲得介伤心:“假使死能证明我死心塌地个爱侬,我会毫勿犹豫!要我忘记了侬去死,还真勿甘心!一闭上眼睛我就想起了侬,侬搿只甜咪咪个番司哪能会得搿能叫我着迷?就是死了看勿到侬也叫人心疼。我有一讲一,有五讲五,为了侬我一心戒烟戒酒戒麻将,为了侬我操机打游戏也决勿敢往返流连!啊,啊,我碰上了一个瞎了眼个咪咪!”“啊,可爱的咪咪!我在默默想念你。任时光无情,明月永远年青,此情此心,它可以做我的证人。每一夜,我在呼唤你!”“阿阿,侬瞎了眼?看勿到我对侬个一片心,我吃煞脱侬!我爱侬爱得要死脱快了,我要跳海用死来证明我个一切!”“啊,圣母玛利亚,侬是我个我个一切是侬个,侬像抱耶稣般抱牢我个殟塞吧!‘我的眉散乱,我的眼潮润,我的脸绯红,我的口颤动!’做牛做马,我死也情愿!”瞎猫终于睁亮一只呒没全瞎个眼睛:“哦哦,我真幸运!我眼睛呒没完全瞎,否则我哪能跟侬来到搿搭温暖个海滩边?我为来为去为个是真爱,勿晓得哪能搞个?到末脚还是逃勿脱爱上了侬搿‘断命’个花露水最足花功最道地个花老虫!”咪咪心里高兴得开满了爆米花!

[注解]

老虫 laoshong:老鼠。 几化 jiho:多么,多少。 烫平 tangbhin:彻底摆平,使无法作梗。 肚皮 dhubhi:肚子。 掼杀 guesak:摔死。 乃 ne:这下,于是。 有辰光 yhoushenguang:有时。 霉鬼星 mejuxin:倒霉的星辰。总归 zonggue:总是。 呆呆调碰着呆呆调 ngengedhiao bhanshak ngengediao:真巧,出其不意。 一记头 yikjidhou:一下子。 小狗跌辣污坑里 xiaogou diklak wukanli:歇后语,小狗跌在粪坑里——吃饱。 大百搭 dhubakdak:可以和各种牌搭上关系的牌。 野路子 yhaluzy:非科班出身。 另有一功 linyhouyikgong:有与众不同的功夫。 作兴 zokxin:也许。 葛咾 geklao:

所以。 着实 shakshek：确实。 轧朋友 ghak bhanyhou：交朋友。 兜兜 ’doudou：溜达。 就介 xhiuga：就这样。 甜咪咪 dhimimi：甜甜的滋味。番斯 ’fesy：脸蛋。 操机 ’cao’ji：上电脑。 吃煞脱侬：喜欢你得五体投地。啊，可爱的咪咪……：此曲是上海1947年白虹唱的“时代曲”，歌名《咪咪》。我的眉散乱，我的眼潮润，我的脸绯红，我的口颤动：引自邵洵美诗《花一般的罪恶》。 搿搭 ghekdak：这里。 末脚 mekjiak：最后。 殟塞 weksek：郁闷。 花露水 ’holusy：花样，花招，吸引人的功夫。 花功道地 ’hogong dhaodhi：很会用甜言蜜语取悦人。

吃瘪

一个人，老得势个辰光，老成功个地步，就交关“弹硬”，老坚强，勿懦弱，叫得响，也邪气“吃硬”，伊敢于碰硬；但是一旦“吃勿开”个辰光，到遭冷遇个地步，常常会“吃瘪”。“吃瘪”，就是拨对方压倒，只好屈服。

拨对方压倒，一种是对方势力强，人众势大，既没办法对付，只好低头屈服。1840 年以后，殖民主义者用洋枪洋炮逼迫清朝政府一趟趟“吃瘪”，慈禧勿自量力，妄想重用“刀枪勿入”个“义和团”来对抗八国联军，结果“吃瘪”吃得只好逃到西安去。

另一种是自家理亏，无言相对。狐狸老兄忒狡猾了，辣童话里拨人家一趟又一趟安排上当，一趟又一趟个“吃瘪”，乌鸦大姐叫伊吃瘪，大鹫先生叫伊吃瘪……富家女黄慧如勿情愿服从伊个阿哥逼伊嫁拨颜料大王大少爷，以死抗争，拨男佣人陆荣根解救。慧如见荣根忠厚善良，萌发爱慕之情。爱情受到家庭重压，结果慧如勿重金银只重情，一门心思跟了荣根私奔到吴县乡下长住成婚。黄兄用拐骗罪来告发荣根，律师据理力争，社会舆论支持，辣法庭尚未判决之前，沪剧《黄慧如与陆根荣》就已判陆无罪，后来法庭终于当庭释放陆荣根，黄家一家理亏，最终“吃瘪”。

勿一定是大吃小，也可以小吃大。乌龟摆一记噱头，让小兔子辣树荫下头糊里糊涂睏了一觉，结果拿长跑比赛个奖杯抢了去，小兔子只好“吃瘪”。有一对兄弟，假意求租门面房开商铺做生意，使得多名房东心甘情愿拿出房产证告身份证，搿两个人私下复印了证件，再到银行申请办理了几张信用卡，以后用透支个办法敛财 8 万多元。直到案发，可怜几个房东原来当仔寻到了一个大客户，偏偏勿晓得拨拉别人悄无声息个“吃”了“瘪”。

勿一定是自家理亏，碰到强势力，或者碰着制度，也会吃瘪。回忆起美国总统罗斯福“吃瘪”起来也呒没言话好讲，一时真有点走投无路。美国立国以来，一直实行自由放任个资本主义制度，正是搿种自由制度拿美国从一个农业国转变为世界浪最发达个工业国。但是，辣取得了巨大成果个同时，发展也发生了新问题，辣 30 年代碰着了一次重大危机。当时要求政府出来拯救社会个呼声越来越高。不过，这种呼声并呒没打动最高法院个搿点老头子，伊拉通过常规手段，否定了罗斯福制定个《公正劳动标准法》、《工业复兴法》咾啥个几个新法律，而且认为伊违反宪法，严重阻挠了罗斯福为了解决经济大萧条而推行个“新政”，罗斯福辣搿点大法官面前“吃瘪”了。社会辣面临重大问题个抉择辰光，人们辣制度个基础浪谋求妥协是经常要碰着个。

吃瘪以后，接受对方个条件，只好“吃进”，搿种情况常常会发生。

小辰光有常时拗勿过大同学，又拨伊抱牢逃勿走，实在无奈，只好叫伊一声“爷叔”以后伊松开手歇。清政府打一次败仗，就被迫“吃进”一个勿平等条约，赔款割地。

吃瘪以后，长期勿受欢迎，“尴里勿尴尬”，也是常常有个情况。野鸭妈妈孵蛋，孵出一只又高又大个丑小鸭。丑小鸭到池塘里游泳，青蛙说：呱呱！我勿欢喜侬，快点走开！丑小鸭觉着交关尴尬，正好离开池塘朝森林走过去，碰到了小狗，狗又讲：汪汪，我勿欢喜侬！两趟吃瘪以后，山浪碰着猪猡，再吃瘪，伊拨人家冷落得走投无路，尴尬得哭了。一个小姑娘拿伊接到屋里去了。过了一个冷天，丑小鸭长大了，它变成了一只美丽个白天鹅。搿个故事是讲：要经得起吃瘪，人脱物事侪会变个。

吃瘪以后，“校路子”，转败为胜。总统 VS 最高法院，辣 1937 年为仔“新政”斗了起来，乃末，罗斯福提出了“填塞法院”计划，拿 9 名法官增加到 15 名，增加了脱伊观点一致个法官，却引起轩然大波。搿点老头子邪气勿满，交关议员侪拨伊拉动员起来，投入到激烈个辩论脱繁复个听证之中，参议员司法委员会拒绝了搿项计划。罗斯福第二次吃瘪。但是伊输了哦？罗斯福输脱了填塞法院搿一仗，但是伊还是达到了目的，大家脑子侪拎得清一点了，最高法院一点点个改变了反对新政个立场，搿点大法官辣总统个强硬态度下面也让步了。

有辰光，是一趟吃瘪了，想想“君子报仇，十年勿晚”，先是“吃进”，等待时机，以后拉起队伍，脱对方下趟再别苗头。越王勾践“卧薪尝胆”，到最后打败吴王个故事就是榜样。不过勾践毕竟勿简单，历史浪多数个"吃瘪"事体最后难以扳回,伊拉个发奋努力也呒没辣历史上留下痕迹。

及时捉牢相制之机,善于智斗,出其不意,可以以小制大。所以并非都是"弱肉强食"。蒲松龄个《聊斋志异》里有"螳螂捕蛇"个记载,清代薛福成个《庸庵笔记》中记有蜘蛛告蛇相斗个见闻:大蛇昂首欲吞蜘蛛,蜘蛛一趟又一趟悬丝垂身半空,使得蛇由怒转疲,后来乘蛇勿备,奋身飙下,踞蛇之首,抵死勿动,注毒吸其脑,果腹而去。要想用智"吃瘪"对方,"得其机"是至关紧要个。

"贪心吃白粥",转胜为败,吃瘪吃得最彻底。渔夫放走了一条金鱼,小金鱼要报答伊,讲:谢谢老公公,侬想要啥,就来寻我。可是渔夫个太太忒贪心,先是要汏衣裳个新木盆,小金鱼变拨了伊,后来伊变本加厉,要渔夫去问金鱼要一座城堡,有了城堡又要住皇宫,结果下来是完全吃瘪,一切侪恢复到从前。阿拉现在一些贪官,眼看伊起朱楼,眼看伊宴宾客,眼看伊楼塌了,伊拉一个个落马,侪像搿个渔夫个太太,勿,比渔夫太太个下场还要勿如,老太太还能回到自家个破屋里向去,而搿眼贪官是彻底吃瘪吃到四面是壁里向去了。

当然,辣吃瘪以后,硬了头皮顶下去,横势横个也有。大家可以等辣海看伊个结果。

以上侪是讲吃瘪规则脱仔吃瘪攻略。

现在来看"人气吃瘪",搿个是一场粉丝多呢少个 PK。辣流行歌坛浪,阿拉从粉丝手里高举个牌子,就好初步看到歌手风头个健弱,交关人问上去侪勿清爽侬个近来表现,就是有点走气了。人气足个明星总归是珍惜自家个今朝,因为伊拉侪晓得,自家总归有过气个辰光。

看中学里校花校草吃瘪,就像情圣吃瘪一般,搿个是一场勿是东风压倒西风,就是西风压倒东风个吃瘪情景。小雨天,虽然离考大学还有半年,却早就拨班浪大家抬举为是“少女系男生”了,因为大家吃伊个聪明,伊个可爱,生就个老 cool 个白脸,勿要忒“奶油”噢！公认伊为“校草”,将来伊会去考个,一定是重点大学个“少女系”。最近又因为扣了两只漂亮个篮板球,迎来了一片颂扬声,校草个两张篮板球照片拨拉小粉丝挂辣教室里,又正好临近圣诞节,伊收到了女同学一堆“圣诞卡”,台型扎足。伊先要拿搿点贺卡捧到同组女生小丸子搭去献宝,小丸子看了感觉有点酸溜溜,心里想下面一定至少要告他扳个平手,但等接下来个考试,伊一声勿响拼命温功课。同学当中侪公认小丸子是伊拉个“校花”,伊要比雨天还要掼得出还要 Q,一泼女生等辣海看伊拉下一轮“别苗头”。待到考试总成绩公布,小雨天大船翻到阴沟里,数学分数比小丸子少了五分,各科成绩总分少伊六分,屈居第二。当小丸子大把大把个收到男女同学个拜年片辰光,也就一道捧到雨天眼门前,雨天大呼:“吃瘪吃瘪!”几个男生好事者辣一旁嘲叽叽个帮校草辣喊:“搨鼙搨鼙！呒没输赢！大家勿吃瘪!”“再看下一场!”

[注解]

弹硬 dhengan:坚强,不懦弱。　一门心思 yikmenxinsy:一个心眼。　摆噱头 ba xuoedhou:逗引人,骗人。　当仔 dangzy:以为。　吃进 qikjin:被迫忍受下来。　有常时 yhoushanshy:有时候。　尴里勿尴尬 'gelifhekgega:不如意,处境很窘困。　冷天 lanti:冬天。　物事 mekshy:东西,事物。　校路子 gao luzy：纠正、开导、调教他人为人处世的思路、言行。 拎得清 'lindekqin：很能领会，很灵敏。 一点点个 yikdidighek：慢慢。 别苗头 bhik miaodhou：竞高低。 贪心吃白粥 'toexin qik bhakzok：讽刺贪心而一无所得。 横竖横 whansywhan：横下一条心。 少女系男生 saonyuyhi noesen：有点女性化的男生。 勿要忒"奶油"噢！ vekyao tek nayhouao：太可爱啦。校草 yhaosao：戏言学校里的美男。 台型扎足 dheyhin zakzok：很出风头，很有面子和光彩。 掼得出 ghuedekcek：甩得出。 一泼 yikpek：一拨。 大船翻到阴沟里 dhushoe'fedao'yingouli：不小心遭遇意想不到的失败。 眼门前 ngemenxhi：眼前。 嘲叽叽 shaojiji：嘲笑起哄。 搨鐾 tabhi：两相抵消。

吃价

上海人忒会吃，不但啥个侪会吃，而且啥个侪要“吃”。小菜、零食尽情吃，连香烟老酒纯净水咳嗽药水，摆到嘴里嘴边侪是“吃”，反正侪吃得消，吃得白白胖胖只担心肥胖病。搿能尚且勿算，还要“吃”到别个地方去，勿是吃到巴黎或者悉尼，而是买房子注重住到好地段去叫“吃地段”，看重结构好个住房，叫“吃房型”；开出车子，碰上红灯，就是“吃红灯”。还有衣裳料作会勿会“吃水”（羊毛）、“吃龌龊”（化纤），总之“衣食住行”侪会“吃”。再会要“吃”，就吃到物事浪向去，有“吃家生”，“吃”到“硬档（好的等级）”上去，叫“吃硬档”；对人也可以“吃”，“吃煞脱侬”就是被侬吸引得五体投地为止！

“吃”字拨上海人引申扩散到生活个各方面去。上海本来是一个商业化程度最高个城市，上海人讲究奇思遐想，讲究“拿来主义”，乃末脑子一转，要吃“买卖”了，就介一个“吃价”诞生，也足见上海人用词个灵动之处。

做生意,卖物事,侪有“价钿”,一只物事卖几化铜钿,吃上去看看啥个味道,味道勿对,勿来三就是勿来三。所以一样物事受勿受大众欢迎,就吃辣搿个价钿浪,值钞票勿值钞票。

譬如每天一清早,马大嫂们先要跨出第一步,小菜场浪去买小菜,“时鲜货”顶吃价,现在是绿色食品、有机食品顶吃价。过去,一旦啥物事买勿到,啥物事就吃价了,明虾买勿到,明虾就吃价,大闸蟹买勿到,大闸蟹就吃价。现在是大家侪想补身体,一歇歇深海鱼油吃价,一歇歇野山人参吃价,搿两年是冬虫夏草吃价了。“港台歌星演唱会”票子买勿到,搿张票子就吃价得海威。要盯牢侬个袋袋,吃价个东西便多了,勿要讲五克拉个钻戒吃价得勿得了,就是一张百代公司老唱片周璇唱个《夜上海》也吃价,有蓝苹辣里向唱个《王老五》网上卖一万多元一张,2008 年已经做成 CD 出版了,原版唱片还会介吃价哦? 还是吃价! 还有更加吃价个名人字画,吃到几千万元个拍卖天价,哪怕是赝品,也吃价。看勿懂了,曾几何时还辣大批判辰光踏辣脚底下、无处藏身个东东,今朝吃起价来居然搿能个翻天覆地!

阿拉辣小学里读书,班浪向一个同学就是跑了最快,啥人也比勿过伊。白相“官兵捉强盗”游戏辰光,伊连连捉牢别人;脱并行班比赛长跑,伊又得名第一。乃末班浪一批白相囡,公认伊是全班最“吃价”,拿伊捧做“大王”,样样听伊个言话。

读初中了,班浪向有名同学,再难个“因式分解”题目伊老快个就做出来,最复杂个“平面几何”求解分析,伊侪能做出来。自修课浪,大家侪要到伊搭去对答数,而且伊个答数标准到小数点后面两位永远准确，同学干脆对伊取了个雅号，叫“标准答案”，侬讲伊吃价勿吃价？

四川汶川地震辰光，一个小学个一个小班长林浩，介小个小朋友，临危勿惧，浩气冲天，自家爬出来勿算，还一连救出两个小朋友而受了伤，他讲：同学侪死了，我还做啥班长？侬看伊个言话行为，吃价勿吃价？调了侬做得到哦？

“阿拉朋友吃价哦？今年买了‘东方曼哈顿’个四房两厅。”“哦，是东方曼哈顿，勿是西方曼哈顿！”“阿拉老总吃价哦？清华大学毕业！”“哦，我晓得个，是清华大学函授班毕业！”吃价个朋友，连伊个朋友来介绍伊，也会摆出点“魁劲”。

大有大个“吃价”，小有小个“吃价”，侪“吃价”！“侬看，阿拉丫丫吃价哦？一只包一拎，笃笃笃走过去，派头瞎好，像去乘汽车上班了。”“几岁啦？”“3 岁半。”“侬看，韩寒、郭敬明吃价哦，拨权威调查数据评上最有影响个 10 大作家之第四第五名，排辣金庸、鲁迅、贾平凹个后面啦，了勿起！”

“了不起”就是对“吃价”个最简明个注解，“吃价”包括“有能耐，有地位，有派头，有实力”，连“高贵、大气、坚固、神气、来三”，侪是“吃价”。搿桩事体，侬勿来三，我来三，我就是“吃价”；别人勿硬，侬就“硬得出”，“上得上”，就是“吃价”；人家缩辣后头，侬挺身而出，就是“吃价”；勿怕天，勿怕地，勿怕做出头椽子，勿怕打倒，勿怕老婆离婚，勿怕坐监牢，拿牢底坐穿，就是“吃价”。拨人打痛了，就叫“阿唷哇”，就是“勿吃价”，“勿弹硬”。

乖乖弄底冬，了勿得！一个人，一样物事，勿但可以价格飙升鹊起，而且还可以香飘万里。所以上海话里除了“吃价”，还出了一个词叫做“吃香”。“吃价”往往就“吃香”。

啥个物事“吃香”，啥个人“吃香”？受人欢迎个，最入时个，就“吃香”。吃香个物事，吃香个人，具有时间性，昨日《冬天里一把火》吃香，今朝《秋天不再来》吃香。

受人重视、受人尊敬、受人眼热，就是“吃香”。有人认为现在做房地产开发商最吃香，有人认为公务员最吃香。迭个有点像股市里大家看好阿里只股，有点主观猜测性脱客观游移性。现在啥个技术最吃香？有人讲电脑维修技术，有人讲助理医师最吃香。文科啥个最吃香，有人讲金融管理最吃香，有人讲对外汉语最吃香。长久个吃香，也是有个，譬如美国个职业，律师告医生最吃香。兰州个拉面最吃香，重庆个麻辣烫最吃香。

“吃价”吃得结棍的人，往往特别吃香，像李宇春，像易中天，人还呒没到，香早传来，排排坐等辣海要见伊拉签名售书个粉丝一大堆。侬再批评伊，再小看伊，吃价还是吃价，吃香还是吃香。侬去跟牢伊批，侬勿会吃价，也勿会吃香。

[注解]

料作 liaozok：料子。　物事 mekshy：东西。　吃家生 qikgasan：挨打。　就介 xhiuga：就这样。　价钿 gadhi：价格。　几化 jiho：多少。　铜钿 dhongdhi：钱。　勿来三 veklese：不行。　马大嫂 madhasao：谐音买汏烧，主持日常家务的人。　顶 din：最。　明虾 minhoe：对虾。　一歇歇 yikxikxik：一会儿。　海威 'hewe：不得了。　袋袋 dhedhe：口袋。　摆魁劲 ba'kuejin：摆出傲慢的架势。　瞎 hak：极。　搿桩事体 ghekzang shyti：这件事。　出

头椽子 cekdhouyhuoezy：先烂；枪打出头鸟。 弹硬 dhengan：坚强，不懦弱。乖乖弄底冬 'guegueiongdi dong：表示吃惊的感叹。 眼热 ngenik：羡慕。结棍 jikgun：厉害。

揩油

啥个叫“揩油”？吃饭个辰光一不小心，衣服袖子口揩着了台面浪吃小菜辰光滗下来个油，就是“揩油”。讲得正规点：因触碰带油物品而沾上油渍。弹词《描金凤》中个汪二朝奉，手拿一块熟火腿，问问价钿，再用另外一只手去摸摸另外一块，再拿两只手浪揩来个油，推到嘴巴里舔舔，搿个也是“揩油”。搿种“揩油”，就开始引申到“占便宜”浪向去了，无论是占了公家个还是别人个便宜，侪是“揩油”。过去做丫头个，勿出钞票，太太房里可以去揩点油；脱太太到店里去买物事，借着太太个牌头，也可以揩揩店里个油。当然“揩油”，一般是占点小便宜而已。

揩油，有明里个揩油，买水果个脱伊称好付完钞票以后，伊一歇歇多拿了一只水果讲饶一只就走，搿种明打明个揩油，又叫“搨便宜”；还有一种，是偷迣仔揩油，卖水果个辣卖拨伊一篮水果个底下一层，偷偷叫摆眼劣质个或者腐烂个水果，搿种行为上海话叫“打底脚”，伊想了个花巧，揩油了买客个铜钿。

各行各业,侪可能有点揩油行为,像教师拿点粉笔,多拿点回形别针;公务员多揩油点信壳信纸。裁缝辣告别人做衣服辰光,揩油一点零碎布头,是常庄有个事体,用辣屋里小囡衣裳个缝缝补补浪,做大个,可以拿各块碎布拼接起来,做个布书包,或者做个百衲布个被面子。揩油思想,人人皆有,问题在于大部分人侪能辣近水楼台先得月个辰光,注意掌握了能告勿能个尺寸。

不过,"揩油"个尺寸,往往是拿不大准个,差距或者讲自由度可以老大,一种是揩了揩两只火腿浪个油,另一种是干脆揩油脱两只火腿,也是揩油。所以有人可以脱"揩油"下了搿能样子一个定义:比喻以不正当个手段谋取利益或者占便宜。举个例子讲"以虚报单据而揩油"。搿能个"揩油"就老难讲了,小到是占小便宜,大到贪污了。

辣国营单位里工作,揩起油来也形形色色。拿厂里个铜丝带点回来绕方棚,拿厂里个"扳头"带个回屋里备用,车工捞点回丝到屋里当揩台布,纺织工拿纱锭个芯子带回来当小矮凳坐。进而为之个,辣厂里闲辣海呒没事体个辰光,用厂里个铁条钢丝做个架子带回装辣自家墙浪防贼,材料、人工侪成公家个了。屋里向焊锡呒没,电烙铁呒没,洋铅皮呒没,就辣厂里做个简易个"洋风炉"。搿能样子"揩油"起来是呒没底个。

小菜场里个管理员,本来个职责是管好"两头",后来演变为"吃两头"个也有。有个人仗了自己手里有一点小权,伊对下头,连卖葱姜个老太搿搭也要去"揩油",搿个是近乎"敲竹杠"了。伊烧饭可以勿必买小菜了,他可以随便到搿点拨伊"摆平"个摊位浪去揩油,只要勿去检查伊拉个秤准勿准，有买客纠纷辰光帮伊拉一把。

侬看，搿能下去，“揩油”个趋势会到啥个尽头？老大得了点油水，让小兄弟也揩点油。检查人员揩到了油，可以放过一个油条摊用泔脚当中炼出个地沟油氽油条卖拨大众；药房管理人员揩到了足够个油，又正其名曰“回扣”，就可以大量放进伪劣、次等脱仔高价药品，轧脱便宜个正宗个药，加重病人个负担。

揩油揩到“营私舞弊”个地步，还是“揩油”哦？

所以，讲得出“今朝我淘浆糊去了”，却勿好意思讲出“我今朝揩油去了。”就因为辣“揩油”当中，总有点勿可言个羞涩个物事。何况对女人动手动脚，乱开女人个玩笑，也是一种“揩油”。

夏丏尊先生辣30年代提倡“大众语”辰光写了《先使白话文成话》一文，其中称赞过上海话“揩油”一词个妙处。伊讲：“现在的白话文，简直太不成话了。用词应尽量采用大众所使用的活语，在可能的范围以内尽量吸收方言。凡是大众使用的活语，不论是方言或是新造语，都有它的特别情味，往往不能用别的近似语来代替。例如：‘揩油’在上海一带已成为使用的活语，自有它的特别的情味，我们如果嫌它土俗，用‘作弊’‘舞弊’等话来张冠李戴，就隔膜了。方言只要有人使用，地方性就会减少。如‘像煞有介事’一语，因使用的人多，已有普遍性了。此后的辞典里，应一方面删除古来的死语，一方面多搜列方言。”

夏丏尊先生个话邪气深刻，一点勿错，尤其是他个观点，有老大个预见性。“揩油”也确是像夏先生所说个，有无可替代个情味，张冠李戴都戴勿过伊。伊就是搿能模糊，搿能包罗万象，人们需要用伊，现在伊也像“像煞有介事”一样进入了共同语。

[注解]

渧 di：滴。 明打明 mindanmin：明里做的。 偷迷仔 'toubhoezy：偷偷地。 信壳 xinkok：信封。 常庄 shanzang：经常。 方棚：'fangban 变压器。 扳头 'bedhou：扳手。 回丝 whesy：废纱，英语 waste 音译词。 轧脱 ghaktek：挤掉。

水调歌头·中秋

锃锃亮个月亮，啥辰光会得有？我一面老酒嗒嗒，一面问声老天爷。啥人晓得天浪向个花花世界，今朝半夜三更是两零几几年？我真想乘神舟十号回转去望望天老爷，只不过常怕天高头实在冷煞快，一家头辣城堡皇宫里向豁一转有眼吓咾咾哦。哦！阿拉还是蓬拆拆跳起来哦！连我个影子也辣摇发摇发，像煞天浪向还勿及地下世界好白相！

辣金茂大厦顶浪兜来兜去，偷迷仔睏睏石库门里个阿狗阿猫，一看哪能大家侪睏勿着？有啥郁闷殟塞头！侬只月亮啥讲究介拎勿清总归要辣人家分别辰光瞎圆瞎亮！人生常常要开心得双脚跳调转头来哭出乌拉，一歇歇轧朋友一歇歇离来远七长八；月亮也来轧闹猛一歇暗黜黜一歇亮堂堂，刚刚圆了圆隔手又鬣脱一块介勿识相。搿桩事体真真叫天生呒没办法！但愿个个人亨八冷打搁落三姆侪长生勿老哦，各到各处一道望到月亮浪个高维修美眉交关嗲！

苏轼原词：

明月几时有？把酒问青天。不知天上宫阙，今夕是何年？我欲乘风归去，又恐琼楼玉宇，高处不胜寒。起舞弄清影，何似在人间。　　转朱阁，低绮户，照无眠。不应有恨，何事长向别时圆？人有悲欢离合，月有阴晴圆缺，此事古难全。但愿人长久，千里共婵娟。

[注解]

锃锃亮 shanshan lian：非常光亮。　蓬拆拆 bhong-cakcak：跳交谊舞的姿态和乐曲声。　偷迷仔 'toubhoezy：偷偷地。　隔手 gaksou：转眼。　一歇(歇) yikxik(xik)：一会儿。　齾脱 ngaktek：缺掉。　高维修美眉 'gaofhixiu meme：注重外形，时尚，对社会、自己要求均高的姑娘。

好记性勿如烂笔头

每当我走进教室要脱新生开讲《语言学概论》或者《现代汉语》课个辰光，总归要脱学生提起上海话里向个一句俗语："好记性勿如烂笔头。"乃末我就脱大家讲起发生辣我自家身浪向个一个故事。

我是辣辣"文革"辰光大学毕业个，毕业以后到解放军农场去锻炼了两年，回来分配辣远郊个一个学堂里，教中学、小学课程。我读个中文系当时已经彻底"砸烂"，交关书籍侪拨"文革"浪潮席卷而去，我只是拿我大学里向个一点听课笔记园辣我个床底下，聊以安慰我寂寞个灵魂，好勾起我辣复旦读过书个回忆。就是搿能，也躲勿过灾难。有一年个大热天，落了一场老大个暴雨，大水叫啥涨进了我个房间，我辣辣乡下工资微薄，根本勿能够及时回到屋里。我到礼拜六走仔两个钟头个路再加乘了两个钟头个车子回到屋里向，看见我个笔记簿侪浸透了水，乃末只好辣第二日拿笔记簿摆到太阳下头晒。再看看实在烂得勿得了，我只留下来《语言学概论》笔记脱仔其他个几本书。

真料勿到过了几年，"四人帮"粉碎，要恢复高考告研究生考试了。

我豪燥去报考“文革”以后个第一届研究生。搿个一年报考研究生个人空前个多，但是好寻着个复习资料又出奇个少。当时复旦大学研究生考试“语言学概论”课个指定参考书是高名凯、石安石编个教材。我除了拿搿本书从头到末脚侪原封勿动个背了出来外，想着重新寻出1962年刚刚进复旦辰光濮之珍老师讲个、搿本辣水里浸泡过以后抢救出来个《语言学概论》笔记，拿了放大镜拿化开个钢笔字迹一个猜一个个读下去。

到复旦大学去参加研究生复试，“语言学概论”一共只有5门问答题，每门题目20分。我从考试开始一直连续写到交卷铃响，总算5门题目全部背完。其中有一门，题目是：“举例说明语言发展的一般规律和特殊规律。”考完以后大家侪讲呒没答出，其实辣高名凯个书浪向勿是呒没，而是要几个地方个内容凑起来再好回答。不过我搿门题目回答得邪气好。搿年暑假，我拨拉奉贤县教育局推派做高考阅卷老师到华东师大，正好脱复旦中文系个老教师分辣一个组里。当我第一日碰着分别了10余年个濮之珍老师辰光，濮老师还认得我，居然老远看见我就叫出我个名字：“啊，你考得很好啊！”哦！我终于一块石头落了地。

我想，我搿趟辣交关考生当中胜出，多亏了搿本浸透过水个笔记簿。当时我只是一个偶然个决定，搿个一个决定，后来就改变了人生命运。所以讲，人生漫漫长途当中，有辰光即使是一次偶然个决定，也会改变一个人个一生。

但是，我后来又想，我为啥辣辣搿个辰光，拿浸了水的《文学概论》、《中国文学史》咾啥个笔记簿侪厾脱了，单单保留了搿本《语言学概论》呢？应该讲，搿能做并勿是偶然个。因为搿个是我个兴趣爱好所在，虽然历经严冬个摧残，然而辣毫无希望个日脚里，搿个初衷并呒没埋灭，我个兴趣呒没掼脱。正是我欢喜语言学咾，我就会拿搿本笔记留了下来。

我1962年刚跨入大学辰光，对啥侪睁大了眼睛。是濮之珍老师拿我带进了语言学个殿堂，培养起我对语言学个兴趣。勿单是伊个"语言学概论"课上得娓娓动听，而且对我每一个提问侪回答得特别仔细加亲切。当我有一眼新个看法辰光，伊就捉牢了辣课堂浪当场要我讲出来让大家讨论。记得有一趟我立起来以后连自家个问题都搞勿清爽了，濮老师还是鼓励我说出看法，还帮我补充拿问题讲拨大家听。所以，搿个是我一本记得最好个笔记，上面有完整个听课记录，自家刚刚学会思考问题辰光个心血也侪写辣海。

我常常对我个学生讲："我阿里能够料到，一本破笔记，就辣沉没了十几年以后，还会派上介大个用场呢？而且一直到现在，我脱侬讲课个备课笔记还是拿搿本笔记个知识垫个底。侬又哪能会料得到，侬现在用功记个笔记，辣辣阿里一日也真会起得了老大个作用呢？"

听了搿番话，我个交关学生上课就变得邪气会记笔记。伊拉也深深体会到"好记性勿如烂笔头"搿句言话个天经地义。

有一趟，临近考试前头，有两个韩国学生来问我问题。我看到伊拉手里向各人拿了一本复印个笔记。我一看，搿个是两本字迹邪气整齐个笔记，差勿多拿我上课个全部内容侪记了下来，包括我扯出去讲个老多即兴内容，我是常常拿一眼新信息要插进去讲拨同学听个。原来，搿个分别是班浪向两名中国学生个听课笔记。乃末我也问伊拉借来看看，觉着实在是比我自家个讲稿还要清爽完整，乃末复印好了，拿搿两本复印件改做我现在上课个讲稿。有一趟，学堂里大检查，有一位老教师来听我个课，听完课以后上来检查我个备课笔记，伊就问我："人家懒惰个学生到考试辰光就会去复印用功同学个笔记，侬哪能也用复印个物事？"伊个话讲得下面个学生侪哈哈笑了。

我发觉大家也勿大对。每趟上课只管记笔记，脑子变得勿用来记忆知识了。乃末我对学生讲："侬有眼人上课，脑子就像一根传递个电线，拿老师讲个内容老快个输进了笔记本，而脑子里是勿进物事个。等到侬个笔记本落脱了，像储存信息个软盘或者碟片坏脱了一样，啥个物事侪呒没了！所以，对于侬搿点小知识分子来讲，我要拿搿句上海话俗语倒过来讲：'好笔头勿如烂记性！'"

我讲，我个老师辣讲到"书面语与口语的关系"个辰光，曾经举过一个生动个例子。伊讲：侬有勿有看见乡下茶馆里向讲故事个故事员，往往是一点初识字个人，也有文盲。伊拉是拿故事个情节侪记辣脑子里个，讲个辰光交关细节可以讲了栩栩如生，顺序渐进。但是有点习惯于运用书面语个人，伊拉只会拿条条记下来，脑子就再勿去记细节，要他们讲一桩事体，只有几根鱼骨头，肉是呒没个。葛咾我现在还要提倡"烂记性"！

搿个乡下故事员个故事，也是濮之珍老师对阿拉讲个。我拿伊记辣我个后来浸透过水个"语言学概论"个笔记里，所以我呒没忘记。我是辣复习报考研究生个辰光重新读着个，但是我已经永远记辣脑子里。

图书在版编目(CIP)数据

上海话的岁月寻踪 / 钱乃荣著.—上海：上海书店出版社，2017.7

（钱乃荣细说上海话）

ISBN 978-7-5458-1483-5

Ⅰ.①上… Ⅱ.①钱… Ⅲ.①吴语—方言研究—上海 Ⅳ.①H173

中国版本图书馆 CIP 数据核字(2017)第 142013 号

责任编辑 张冬煜
技术编辑 丁 多
装帧设计 郦书径

上海话的岁月寻踪
钱乃荣 著

出 版 上海世纪出版股份有限公司上海书店出版社
（200001 上海福建中路 193 号 www.ewen.co）
发 行 上海世纪出版股份有限公司发行中心
印 刷 上海叶大印务发展有限公司
开 本 890×1240mm 1/32
印 张 6.875
字 数 120 千字
版 次 2017 年 7 月第 1 版
印 次 2017 年 7 月第 1 次印刷
ISBN 978-7-5458-1483-5/H.29
定 价 28.00 元